P. FOREST.

MÉTHODE
GALIN-PARIS-CHEVÉ

Exposé sommaire de ses principes
et de ses procédés.

Prix : — 1 Franc.

PARIS,
LIBRAIRIE DES SCIENCES SOCIALES, 13, RUE DES SAINTS-PÈRES.

CHAROLLES, IMP. ET LITH. Ve LAMBOROT.

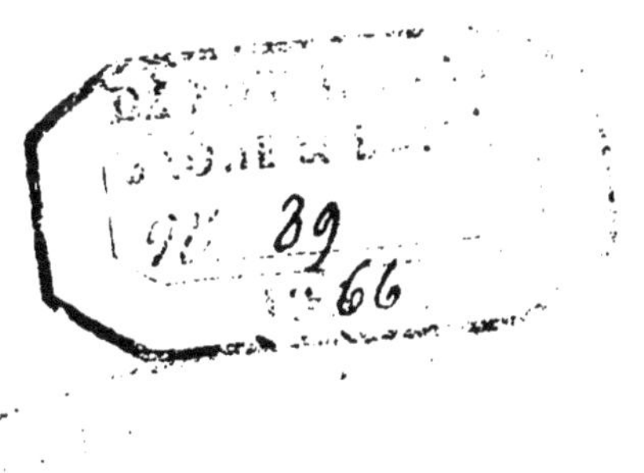

MÉTHODE MUSICALE.

Charolles, imp. et lith. Ve LAMBOROT.

MÉTHODE MUSICALE

GALIN - PARIS - CHEVÉ

EXPOSÉ SOMMAIRE

PAR

P. FOREST, avocat,

Directeur de la *Chorale Charollaise*.

Imp. de v^e^ Lamborot.

I.

APERÇU HISTORIQUE.

Un homme, que son goût dominant avait porté vers les sciences exactes, (jeune encore, il avait obtenu une chaire de mathématiques) conçoit un jour la pensée d'étudier un art d'agrément. Ce qu'il se propose d'apprendre, ce n'est ni le violon, ni la flûte, ni le piano, ni le hautbois, ni le cor (il sait qu'à 25 ans il n'est pas aisé de devenir un instrumentiste même passable); son but unique, c'est d'apprendre la musique vocale, l'art de parler, de lire et d'écrire le chant.

Pour atteindre ce but, aura-t-il recours à un maître ? Il ne demanderait pas mieux ;

mais les maîtres font payer assez cher leurs leçons, et les médiocres émoluments de sa chaire de mathématiques ne lui permettent pas un tel luxe : d'ailleurs, il a jusque-là appris seul tant de choses dans les livres que, pour la musique de même que pour tout autre genre d'étude, il croit pouvoir se flatter que les livres lui suffiront.

S'imaginant donc qu'avec une ferme volonté et de l'intelligence on peut à la rigueur se passer d'un maître pour apprendre la langue musicale, le voilà qui ouvre et se met à étudier avec soin les traités élémentaires de musique.

Tout naturellement il y cherche des principes nettement déduits les uns des autres et dérivant de faits constatés par l'expérience, un ensemble systématisé de vérités, puis les moyens de reconnaître et de bien comprendre l'exactitude des vérités émises. Mais quel n'est pas son étonnement! Dans les traités dont il a entrepris l'étude, au lieu de principes clairs et précis s'enchaînant méthodiquement, il ne trouve qu'un pêle-mêle d'affirmations jetées çà et là sans discernement et sans liaison; il rencontre des articles de foi imposés à la confiance des néophites sans preuves comme sans explications, et, à la suite de ce chaos, un assemblage de points noirs ou blancs, à queue ou sans queue, posés sur ou entre cinq lignes parallèles, assemblage qu'on lui dit composer toute la science musicale.

Dès l'abord il est complètement dérouté : pour la première fois de sa vie, il trouve son cerveau rebelle à l'intelligence des faits d'une science et des lois qui régissent ces faits.

Néanmoins, il aime mieux accuser les bornes de son esprit que l'obscurité des livres ; il lit de nouveau, il réfléchit, il compare : peine perdue ! Ce même esprit, qui s'est assimilé l'algèbre et les mathématiques transcendantes, que n'ont pas trouvé rebelle les spéculations les plus abstraites des nombres, ne peut venir à bout de comprendre les choses les plus élémentaires en musique, et par exemple cette simple proposition : *une ronde vaut deux blanches*.

De guerre lasse, il abandonne la partie, non sans un vif dépit de son impuissance constatée.

Cependant, continuellement poursuivi par l'idée de son premier échec intellectuel, malgré lui il pensait toujours à cette maudite science musicale qu'il n'avait pu s'assimiler, lorsqu'un soir, s'amusant au coin de son feu à solfier l'air populaire : *J'ai du bon tabac*, il est frappé d'un trait de lumière : il remarque que certains sons passent moins rapidement que d'autres dans la prononciation, que sur certains sons la voix s'arrête moitié plus de temps que sur d'autres. Volontiers, s'il était au bain, il renouvellerait la folie d'Archimède, et s'en irait courant nu par la ville en criant : *J'ai trouvé;* c'est qu'enfin il est parvenu à deviner ce que veulent dire ces mots : *une ronde vaut deux blanches.*

Dès ce moment il se remet à l'étude avec une nouvelle ferveur, et cette fois le succès dépasse de beaucoup ses modestes espérances : il ne cherchait que le moyen d'apprendre la musique vocale pour son propre compte, et il arrive à découvrir la véritable théorie de la musique, cette théorie qu'il avait vainement cherchée dans les livres.

L'homme, dont je viens de raconter sommairement l'histoire, celui qui réussit ainsi, sans le secours d'aucun maître, non pas seulement à apprendre la musique, mais encore à en fonder la théorie, n'était qu'un simple fils d'artisans, né à Samatan (Gers) en 1786, à qui la bienveillance désintéressée d'un instituteur de Bordeaux avait permis de faire ses études scholastiques et plus tard ouvert la carrière du professorat : il avait nom Pierre Galin. Aujourd'hui, il y a déjà plus de quarante ans qu'il est descendu dans la tombe, et c'est à peine s'il commence à être connu du monde lettré. Toutefois, pour mon compte je n'en fais aucun doute, l'humanité fera un jour pour Pierre Galin ce qu'elle fait habituellement pour tout inventeur de haut titre; je veux dire qu'un jour elle l'honorera comme un de ses bienfaiteurs et lui érigera des statues : mais cela fera-t-il (qu'on me pardonne cette réflexion empruntée à l'un des deux énergiques propagateurs de sa méthode) qu'il ne soit mort à 36 ans, abreuvé des dégoûts que lui suscita sa découverte, et n'ayant trouvé que l'indifférence, la moquerie, le dénigrement, l'ingratitude et même le vol là où il avait rêvé une couronne civique.

Il y a cinquante ans, un traité élémentaire de musique, un exposé analytique des principes et des lois qui régissent la science des sons et des rythmes, un livre tel enfin, disait Galin, « *qu'un homme de sens pût y apprendre la musique tout seul, et que, tous nos musiciens venant à se perdre dans une nuit, leur art ne fût pas néanmoins perdu pour le genre humain;* » c'était là un ouvrage inconnu aux bibliothèques, un ouvrage à naître. Grâce à Pierre Galin, cette lacune est aujourd'hui comblée. Non pas, certes, qu'avant lui il n'y eût des solfèges, des méthodes, des traités de musique fort savants, disons même trop savants (ils sont loin d'être toujours intelligibles) : mais solfèges et méthodes n'étaient guère que des collections de phrases ou d'exercices pour délier les doigts ou le gosier; et quant aux traités, on n'en trouvait aucun présentant un corps complet de doctrine, aucun, d'ailleurs, qui ne renfermât des erreurs théoriques fondamentales.

Le premier ouvrage qui, en musique, ait redressé les erreurs communément admises et en même temps offert une méthode d'enseignement véritablement rationnelle, c'est donc celui de Galin, publié, dès 1818, sous ce titre : *Exposition d'une méthode nouvelle pour l'enseignement de la musique.*

On n'y trouve, du reste, qu'une exposition très succinte de la méthode; la mort a surpris l'auteur au moment où il préparait les matériaux d'un grand ouvrage dont l'élaboration devait lui coûter plusieurs années, et qui eût renfermé un corps complet de théorie musicale; mais, ce que n'a pu faire Galin, brusquement arrêté dans le cours de ses travaux par une mort prématurée, heureusement on l'a fait après lui.

Trois personnes, après la mort du maître, ont pris en main son œuvre ; et non-seulement elles ont réussi à conserver au monde cette œuvre admirable, elles en ont de plus tiré pour une grande part les fruits qu'elle contenait en germe. Ces trois personnes, qui ont mérité par leurs travaux de baptiser de leurs noms ajoutés à celui de l'inventeur la nouvelle méthode musicale, sont : M. Aimé Paris, M. Emile Chevé, mort depuis peu, et sa veuve, Mme Emile Chevé, née Nanine Paris.

Ainsi, aujourd'hui la théorie rationnelle de la musique n'est plus à faire, elle est faite : à Pierre Galin revient l'honneur d'en avoir posé les bases, l'honneur d'avoir donné le plan de l'édifice ; à M. Aimé Paris, ainsi qu'à son regrettable beau-frère Emile Chevé et à Mme veuve Chevé, revient celui d'avoir complété l'œuvre, achevé l'édifice, et, je crois pouvoir le dire, élevé à la hauteur d'une science exacte — non-seulement l'enseignement élémentaire — mais même le haut enseignement musical.

Pour vaincre l'esprit de routine et rendre populaire l'idée nouvelle la plus évidemment utile et la plus vraie, on a peine à s'imaginer ce qu'il faut de temps et de persévérants efforts.

De 1823 à 1834, dans quarante-six villes différentes, en France, en Belgique, en Hollande, en Suisse, cinquante-quatre expositions de cinq leçons chacune ; de 1828 à 1860, plus de cent cours, la plupart gratuits, de 80 leçons chacun, voilà ce qu'a fait M. Aimé Paris pour vulgariser la méthode nouvelle : on peut dire de lui, à juste titre, qu'il a consacré toutes ses facultés, tout son temps à la propagation d'une idée éminemment utile au monde en même temps qu'il lui a sacrifié sa carrière et ses intérêts privés. Ajoutons que, comme perfectionnement de la méthode, on lui doit la création d'un système aussi ingénieux que fécond pour l'enseignement de la mesure, et en outre, l'adoption — fort importante en intonation — de dénominations nouvelles pour les sons *dièses* ou *bémols*.

Digne émule de son beau-frère Aimé Paris, M. Emile Chevé a, lui aussi, pendant plus de vingt années et jusqu'à sa dernière heure, consacré tout son temps, toutes ses facultés, toute son énergie (et Dieu sait à quel point elle était puissante) à la propagation de la méthode Galin.

De 1844 à 1865, au moins cent ciquante cours à Paris, la plupart gratuits et publics, voilà sa part comme vulgarisateur : en outre, il a écrit et publié plusieurs ouvrages de polémique et d'enseignement; les plus importants sont : 1° *Méthode élémentaire de musique* (1844) ; 2° *La routine et le bon sens* (1852) ; 3° *Méthode élémentaire d'harmonie* (1856).

Médecin et chirurgien en même temps que mathématicien, on a dit de M. Emile Chevé, très-justement à mon avis, que, soit dans ses ouvrages, soit dans son enseignement oral, il avait apporté l'esprit de déduction des sciences exactes, l'esprit d'induction des sciences physiques et l'esprit de classification des sciences naturelles.

Il est un nom, hâtons-nous de le dire, qui ne doit pas dans cette circonstance être séparé de celui du regrettable Emile Chevé, c'est le nom de Mme Emile Chevé, née Nanine Paris. Dès 1830, Mme Chevé s'occupait déjà avec son frère, M. Aimé Paris, de la propagation de l'idée Galiniste ; et depuis l'année 1830, soit pour la création des exercices pratiques, soit pour le perfectionnement de la partie théorique, elle n'a cessé d'aider puissamment et son frère et son mari.

Après de longs jours d'épreuves, pronostiquait il y a trente ans M. Aimé Paris, — *La méthode Galin sera certainement adoptée.*—A l'heure qu'il est, si le jour du triomphe définitif et d'une adoption universelle ne s'est pas encore levé pour elle, on peut déjà du moins augurer que le moment n'est plus bien éloigné où elle en aura décidément fini avec les jours d'épreuves : c'est qu'en effet elle a conquis, dans ces derniers temps, de puissantes adhésions et un haut patronage qui ne lui ont pas fait défaut à partir du jour où elle a eu la bonne fortune de les rencontrer. On sait que, depuis six ans, pour aider à la vulgarisation de la nouvelle méthode, il s'est établi à Paris une commission de patronage, composée des plus grands noms.

Dès 1860, cette commission était ainsi composée :

Président,	MM. Le duc DE MORNY ;
Vices-présidents.	ROSSINI, le prince PONIATOWSKI ;
Secrétaires,	Le marquis AGUADO, le comte Joachim MURAT ;
Secrétaire-trésorier,	LÉPINE.

Membres : MM. Le général de division DE COURTIGIS ; le comte Olympe AGUADO ; RAVAISson, inspecteur général de l'Université; Magin-Marens, inspecteur général de l'Instruction primaire; le baron Paul Dubois, doyen de la Faculté de médecine; Neukomm; Edmond Membrée; le marquis de Sampieri; Jacques Offenbach; Reber; Félicien David; Lefebure-Vely; Gevaert.

Sous l'égide de patrons aussi haut placés dans la politique, l'art et la science (l'un d'entre eux, et l'un des plus éminents, est mort à la vérité depuis, mais aussitôt il a été remplacé par le comte de Nieuwerkerke, un nom de notoriété presque égale), et avec l'appui d'autorités aussi imposantes que le sont en musique les noms de Rossini, de Félicien David et du prince Poniatowski, certes il est permis de penser que, pour la *Méthode Galin-Paris-Chevé*, les mauvais temps, les temps de luttes et d'épreuves, sont maintenant passés, et que l'époque est proche où elle aura définitivement triomphé de l'esprit de routine.

Celui qui écrit ces lignes en a la conviction profonde, c'est seulement grâce à l'adoption des moyens d'enseignement découverts par Galin et perfectionnés depuis par ses courageux continuateurs, que l'art musical peut cesser, dans notre pays, de rester le privilége d'un petit nombre d'initiés. Vienne donc le jour où, mis à la portée de toutes les intelligences, l'art de parler, de lire et d'écrire le chant pourra se répandre jusque dans les masses, ce jour-là, qu'on le croie bien, le nom de Pierre Galin et les noms de ses continuateurs seront salués et bénis comme les noms d'hommes ayant rendu un immense service à la civilisation, au progrès social, à l'humanité.

II.

COMPLICATION DE L'ÉCRITURE MUSICALE USUELLE, ET NÉCESSITÉ DE SA RÉFORMATION.

On a défini la musique, la science du rapport et de l'accord des sons ; dans une acception moins élevée, on l'a définie l'art de combiner les sons d'une manière agréable à l'oreille. Sans critiquer ces deux définitions, on peut, il me semble, leur préférer celle de Galin comme plus simple, plus claire et plus rationnelle. La musique, suivant lui, n'est autre chose que *l'art de parler, de lire et d'écrire le chant*, ou, pour mieux dire, c'est une langue spéciale dans laquelle, ainsi que dans toute autre, des idées sont attachées à des signes institués pour les rappeler à l'esprit.

A ce compte il ne faut pas, ainsi qu'on le fait assez habituellement, confondre l'artiste avec le musicien. Dans le vrai sens du mot, celui-là seul est musicien qui sait parler, lire et écrire le chant : or, sans connaître un mot de théorie musicale et sans savoir ni lire, ni écrire le chant, on peut être artiste, c'est-à-dire se trouver doué d'une voix très-juste, très-sonore, très-agréable, et savoir s'en servir avec un goût exquis.

Assez généralement on s'imagine que les belles voix sont seules capables d'apprendre la musique vocale. C'est là, j'ose le dire, un préjugé. Dès qu'on sait chanter juste la gamme ou seulement le premier tétracorde de la gamme (et sur cent voix prises au hazard en est-il une seule qui ne puisse vocaliser avec facilité les quatre premiers sons diatoniques, *ut, ré, mi, fa*), on est capable de devenir musicien, je veux dire qu'on possède l'aptitude nécessaire pour parvenir à lire couramment la musique ainsi qu'à l'écrire.

Cependant c'est un fait d'expérience journalière que, sur cent individus qui aujourd'hui entreprennent l'étude de la musique vocale, plus des neuf dixièmes restent en chemin, rebutés qu'ils sont par des difficultés que surmontent seuls ceux que la nature a doués d'une organisation exceptionnelle ou d'une volonté tenace que rien n'arrête.

A quoi cela tient-il? d'où vient que, sans ces deux conditions qui se rencontrent rarement : organisation privilégiée ou ténacité d'esprit qui ne recule devant aucun obstacle, on ne puisse arriver à savoir lire et écrire la musique, alors qu'on voit tant de gens d'une capacité même médiocre parvenir fort bien à lire couramment comme à écrire leur langue maternelle ?

Est-ce donc à dire que la langue musicale, la langue du chant, offre en elle-même plus de complication que n'importe qu'elle autre langue morte ou vivante, et par exemple est-ce à dire qu'elle soit plus compliquée que le latin, le grec, l'allemand, l'anglais ou le français? en aucune façon, car elle embrasse un cercle bien moins étendu d'idées et de règles.

Si l'art de parler, de lire et d'écrire le

chant ne s'apprend aujourd'hui qu'avec une extrême difficulté, il faut qu'on le sache, cela ne tient pas seulement à l'imperfection des méthodes d'enseignement, cela tient aussi, et pour une très-grande part, à la complication et à la confusion de notre écriture musicale.

Quand, devant une personne qui sait la musique, on s'avise de prétendre que l'écriture usuelle en est des plus vicieuses et qu'il est urgent de réformer cette mauvaise écriture, je n'ignore pas qu'on entend aussitôt le musicien se récrier et protester contre une telle assertion à peu près en ces termes :

« Changer notre écriture musicale, y pensez-vous ! mais c'est la seule qui soit universelle, la seule qu'on lise d'un bout du monde à l'autre. Toucher à une écriture adoptée par tous les peuples civilisés et consacrée par un usage de plus de six siècles, eh ! grand Dieu ! c'est toucher à l'arche sainte ! »

A ce cri d'alarme des partisans de la portée musicale, voici la réponse qu'oppose la nouvelle école improprement appelée l'*école du chiffre* (1) :

Désire-t-on sincèrement la vulgarisation de l'art du chant? Trouve-t-on bon, utile,— pour ne pas dire nécessaire,— dans l'intérêt de l'amélioration de nos mœurs, — d'une part que la musique soit mise à la portée de toutes les intelligences, et d'autre part que les livres de musique (ces livres qui aujourd'hui coûtent si cher) soient mis à la portée de toutes les bourses? Sans aucun doute on le trouve bon, puisque de notre temps il n'est pas d'homme sensé qui n'attache un grand prix à la culture intellectuelle et à la moralisation des masses. Eh bien! qu'on en soit bien convaincu, ces deux choses si désirables et si généralement désirées, — savoir : bon marché des partitions de musique et accession des masses à l'art

(1) La qualification d'*école du chiffre*, appliquée à l'école de Galin, me paraît impropre, en ce sens qu'elle tend à faire supposer, contrairement à la réalité des faits, que tout le secret de la méthode Galiniste consiste à substituer l'*écriture chiffrée* à nos points noirs ou blancs posés sur la portée.

choral; ces deux choses — on peut le dire — d'une si capitale importance pour toute nation policée ne s'obtiendront qu'à une condition, c'est à la condition qu'on prenne enfin le parti de changer cette fameuse écriture à laquelle on tiendrait moins si l'on s'était suffisamment rendu compte de ses défauts !

Du reste, est-il besoin d'en faire l'observation, pour être en droit de proposer le changement de ce qui existe, il faut avoir quelque chose de mieux à mettre à la place.

« Si, parce qu'elle est vieille et mal distribuée vous démolissez ma maison, — disait fort bien M. Emile Chevé dans son pittoresque langage, donnez m'en une meilleure pour me mettre à l'abri, car mieux vaut pour moi une mauvaise maison que point de maison : démolir quand on n'a rien à édifier, démolir pour démolir, c'est pur vandalisme ! »

Que si donc l'école de Galin se permet de critiquer vertement et de battre en brèche notre mauvaise écriture musicale, c'est, qu'on veuille ne pas l'oublier, par l'excellente raison qu'elle en a une bien meilleure à lui substituer.

« Les signes, a dit encore M. Chevé avec ce bon sens et cette forme incisive qui caractérisent tous ses écrits, — les signes ne sont pas les idées ; ils les représentent bien ou mal, voilà tout ; mais s'ils représentent les idées tellement mal qu'ils les cachent et les rendent méconnaissables, il n'y a pas à balancer, il faut proclamer ces signes vicieux et aviser à les remplacer par de meilleurs. »

La musique, encore une fois ne le perdons pas de vue, n'est autre chose qu'une langue composée d'un certain nombre d'idées représentées par des signes. Dès lors, pour que les signes des idées musicales puissent être tenus pour bons, il importe assurément ou plutôt il est de nécessité absolue :

Premièrement, *Que toute idée soit représentée par un signe clair et précis ;*

Secondement, *Que la même idée soit toujours représentée par le même signe, et que le même signe ne représente jamais que la même idée.*

Eh bien ! voyons un peu si notre écriture musicale remplit actuellement ces deux conditions.

On sait que les idées à représenter en musique ce sont—d'abord les sons (les idées d'intonation), ensuite ce qu'on appelle les valeurs des sons, les idées de durée. Or, aujourd'hui les idées d'intonation sont représentées par des points blancs ou noirs posés sur ou entre plusieurs lignes ou barreaux parallèles constituant ce qu'on appelle la portée; le nom est donné à chacun de ces points par une clef qui s'appelle clef de *sol*, de *fa* ou d'*ut* : mais cette clef n'est pas fixe, elle peut changer de place ; de sorte que le même signe posé sur la même ligne ou le même interligne peut porter successivement les sept noms, *ut*, *ré*, *mi*, *fa*, *sol*, *la*, *si*, représenter tantôt un *ut*, tantôt un *ré*, tantôt un *mi* ou toute autre note. — Même confusion pour ce qui concerne les signes de durée : rien d'obscur, de difficile à démêler comme les signes de valeur appelés *rondes*, *blanches*, *noires*, *croches*, *doubles-croches*, *triples-croches*, etc.; ces signes offrent une si grande complication d'entiers et de fractions de toute espèce cousus ensemble, qu'en vérité il y a lieu d'admirer le talent de ceux qui réussissent à les débrouiller avec facilité.

De même qu'en intonation nous trouvons le même son, suivant la clef, figuré sur chacun des barreaux ou chacun des interlignes de la portée, de même nous trouvons, pour ce qui regarde la mesure, la même idée *(l'unité de temps)* représentée tantôt par la *blanche*, tantôt par la *noire*, tantôt par la *croche*, tantôt par la *noire-pointée*, tantôt par la *croche-pointée* : d'où il résulte que les trois seules mesures qui existent *(2 temps, 3 temps, 4 temps)* revêtent je ne sais combien de formes différentes ; d'où il résulte par exemple que la *croche* peut, suivant la mesure, représenter successivement un quart de temps, un tiers de temps, une moitié de temps ou bien l'unité de temps.

Pour quiconque veut se donner la peine de réfléchir, il est manifeste que de tels signes ne sont ni clairs, ni précis, mais au contraire tout ce qu'il y a au monde de plus compliqué, de plus embrouillé, de plus confus.

Qu'on veuille donc le reconnaître, notre

écriture musicale, avec sa portée, ses trois clefs et tout son imbroglio de *points noirs, de croches et de doubles-croches,* est souverainement défectueuse, car les idées s'y trouvent cachées sous des signes que sans doute un maître peut *déchiffrer (déchiffrer* est le mot propre, aujourd'hui on ne lit pas la musique, on la *déchiffre* et pas toujours rapidement) mais que tout élève ne parvient à démêler qu'avec une peine infinie, quand encore il y peut parvenir !

Maintenant, si le lecteur veut bien me continuer son attention, je vais, sans plus tarder, lui faire connaître l'écriture musicale que l'école de Galin substitue à l'ancienne, et qui, comparée à l'ancienne est, j'ose le dire en toute assurance, un vrai chef-d'œuvre de précision et de clarté.

III.

LA NOUVELLE ÉCRITURE MUSICALE OU LA NOTATION CHIFFRÉE.

Dans tout morceau de chant, dans un air quelconque que l'on vocalise, l'analyse distingue deux choses : d'abord l'intonation, les sons musicaux dont l'air se compose; ensuite le *rythme*, ou la mesure suivant laquelle les sons se succèdent les uns aux autres.

Sons et durées des sons, voilà donc les deux ordres d'idées que l'écriture musicale a pour objet de représenter à l'aide de signes ou de caractères institués pour les rappeler à l'esprit.

Occupons-nous en premier lieu de ce qui concerne l'intonation, après quoi nous passerons à ce qui concerne la mesure ou la durée.

Les sons musicaux sont-ils, comme les nombres, en quantité indéterminée, de telle sorte qu'à un son donné l'on puisse toujours en ajouter un autre, soit plus grave, soit plus aigu? Nullement : pour la capacité de notre organe auditif il y a une limite aux sons graves comme il y en a une aux sons aigus, et cette limite est bientôt atteinte.

La voix humaine est plus restreinte encore, en ce sens que les sons qu'elle peut émettre sont en moins grand nombre que ceux perçus par l'ouïe.

Notre système musical roule aujourd'hui sur sept sons principaux dits *naturels* par opposition à d'autres sons dits *dièses* ou *bémols*. Afin de pouvoir les solfier avec facilité, on est convenu de donner à ces sept sons les dénominations monosyllabiques que voici :

ut, ré, mi, fa, sol, la, si (1).

Je suppose que le son *ut*, point de départ de la série, soit pris par quelqu'un (homme, femme ou enfant) aussi bas que le lui permette le registre de sa voix : pense-t-on qu'après avoir parcouru ou fait entendre les sept sons *ut, ré, mi, fa, sol, la, si*, ce quelqu'un puisse aller beaucoup plus loin, et par exemple parcourir en entier une deuxième série de sons plus élevés et reprodui-

(1) Le monosyllabe *ut* a été, dans ces derniers temps, remplacé par le monosyllable *do*, qu'on a trouvé plus euphonique. L'école Galiniste a cru devoir rejeter cette innovation qui très-assurément ne valait pas la peine d'être faite. D'ailleurs, on peut faire valoir d'excellentes raisons en faveur du maintien du monosyllabe *ut*. La première raison, c'est qu'il convient de conserver la voyelle *u* dans les dénominations monosyllabiques de la gamme ; la seconde raison (et certes cette seconde raison doit toucher quiconque fait profession de respect pour les choses consacrées par un vieil usage) c'est l'origine même de ces dénominations monosyllabiques ; est-il besoin de rappeler qu'elles datent du onzième siécle, et qu'elles sont dûes au célèbre moine bénédictin Gui d'Arezzo, lequel les a tirées des premiers vers de l'hymne bien connue de saint Jean-Baptiste :

Ut queant laxis *Re*sonare fibris,
*Mi*ra gestorum *Fa*muli tuorum,
*Sol*ve polluti *La*bii reatum,
*S*ancte *I*oannès !

sant à l'aigu l'air primitif? Non, il n'ira pas jusque là; car il est constant que les voix humaines, de la plus grave à la plus aiguë, n'embrassent pas ensemble au-delà de trois octaves, et que le registre d'une voix individuelle ne fournit guère en terme moyen que onze notes pleines, c'est-à-dire qu'après avoir parcouru les sept sons d'une première octave il n'y a que les voix privilégiées qui, sans prendre le fausset, puissent aller au-delà du quatrième son de la deuxième octave.

Eh bien! si notre système musical se compose de sept sons désignés par les monosyllabes *ut, ré, mi*, etc.. et s'il est vrai que les voix humaines, de la plus grave à la plus aiguë, n'embrassent ensemble que trois octaves de ces *sept sons* (toujours les mêmes, à quelque octave qu'ils appartiennent), on voudra bien m'accorder que, pour représenter nos sept sons, il suffit de sept caractères ou de sept signes. Seulement ce qui importe, c'est que ces signes soient clairs; et ce qui importe en outre, c'est qu'ils soient combinés de façon à ce que chacun indique nettement l'octave à laquelle appartient le son qu'il désigne, par exemple si c'est à l'octave grave, à celle du médium, ou à l'octave aiguë.

Je laisse au lecteur le soin de décider si ce résultat n'est pas atteint de la manière la plus heureuse par la combinaison suivante :

Octave grave *(chiffres pointés en dessous)* :

ut	*ré*	*mi*	*fa*	*sol*	*la*	*si*
$\underset{\cdot}{1}$	$\underset{\cdot}{2}$	$\underset{\cdot}{3}$	$\underset{\cdot}{4}$	$\underset{\cdot}{5}$	$\underset{\cdot}{6}$	$\underset{\cdot}{7}$

Octave du médium *(chiffres non pointés)* :

1 2 3 4 5 6 7

Octave aiguë *(chiffres pointés en dessus)* :

$\dot{1}$ $\dot{2}$ $\dot{3}$ $\dot{4}$ $\dot{5}$ $\dot{6}$ $\dot{7}$

Rien de plus clair, de plus précis, de plus saisissable au premier coup-d'œil que ces sept caractères qui doivent leur nom à leur forme absolue, et non pas, comme ceux de la portée musicale, à un barreau sans cesse variable suivant la clef.

Aussitôt que l'œil voit 1 2 3 4 5 6 7, c'est comme s'il lisait *ut, ré, mi, fa, sol, la, si.*

Pour lui point d'hésitation possible : si le chiffre est pointé en dessous, l'œil reconnaît l'octave grave ; s'il est pointé en dessus, l'octave aiguë ; s'il n'est pas pointé, l'octave du médium.

Voilà des signes irréprochables : aussi, dès la première leçon, l'esprit de l'élève ne balance jamais sur la signification du signe.

Celui qui sait la musique va sans doute m'arrêter ici pour me dire : mais les *dièses* et les *bémols* (car en musique *dièses* et *bémols* jouent un grand rôle) comment les écrivez-vous, par quels signes les désignez-vous à l'œil et à l'esprit ?

Pour poser une semblable question, il faut, bien entendu, avoir quelque notion de notre système musical. Toutefois, au musicien qui se croit savant parce qu'il sait lire la musique avec ou sans le secours d'un instrument, — si l'on demandait d'expliquer l'origine du *dièse* et du *bémol*, peut-être serait-il embarrassé de fournir une réponse satisfaisante ? C'est qu'en effet je ne crois pas que, sur cette question du *dièse* et du *bémol*, on trouve une explication rationnelle ailleurs que dans les ouvrages de Galin ou de ses continuateurs ; et cette explication, je la ferai connaître ultérieurement.

Quant à présent, je me borne à dire que l'école de Galin a un moyen fort simple de désigner avec le chiffre tout *dièse* ou tout *bémol* quelconque : ce moyen consiste tout bonnement à marquer le chiffre d'un accent aigu ou d'un accent grave, selon que le son indiqué par le chiffre est *dièse* ou *bémol* (1).

Ainsi voilà bien toutes nos idées d'intonation représentées : les octaves sont différenciées par les points au-dessus ou au-dessous du chiffre ; puis les *dièses* et les *bémols* sont caractérisés par l'accent *aigu* ou *grave* appliqué sur le chiffre même.

Avec ce nouveau mode de notation, un signe donné représente toujours la même idée, ne peut représenter qu'elle, et rappelle toujours clairement à l'esprit l'idée qu'il

(1) Et le *Bécarre*, qu'en faites-vous donc,—va me dire, je suppose, le musicien qui me lit? — ce que nous en faisons?... mais rien du tout, peut-on lui répondre,— car le *Bécarre* est un signe qui n'a plus de raison d'être avec notre écriture chiffrée.

exprime; rien de plus, rien de moins : avantage que la notation sur la portée est assurément fort loin d'offrir.

Celui qui a des connaissances en musique peut encore ici m'arrêter pour me faire observer que ce n'est pas Galin qui est l'inventeur de la notation chiffrée, puisque l'idée première en appartient à Jean-Jacques Rousseau.

Je n'en disconviens pas : c'est en effet le célèbre Jean-Jacques qui le premier (ou l'un des premiers) a conçu l'idée, — non pas de changer notre écriture musicale (cette idée, on l'avait eue avant lui), mais de substituer le chiffre à la portée et aux points noirs posés sur la portée. Aussi Galin et ses continuateurs ne se sont jamais attribué le mérite de l'invention : quiconque a lu leurs écrits sait qu'ils se sont plu à rendre au véritable inventeur le légitime hommage qui lui est dû.

Je dois ajouter que Galin, tout en ayant pris soin de perfectionner l'écriture de Jean-Jacques Rousseau, n'attachait à cette nouvelle écriture qu'une importance secondaire, et qu'il n'en proposait pas l'adoption immédiate même pour la musique vocale : seulement il rendait plein et entier hommage à son illustre auteur, et la trouvait, en raison de sa clarté et de son peu de volume, de beaucoup préférable à l'ancienne.

Quant aux continuateurs de Galin, ils n'ont pas hésité à proclamer l'urgence d'un changement que n'avait pas osé proposer le maître, quoiqu'il en sentît l'utilité (1). Dans

---

(1) Galin avait également reconnu l'utilité d'une autre innovation qu'il n'avait pas davantage osé proposer, ou plutôt dont il avait cru devoir laisser l'initiative aux maîtres de l'art : cette autre innovation est celle qui consiste à faire disparaître, pour l'élève qui solfie, le très-grand inconvénient de la même dénomination monosyllabique appliquée à trois sons différents tels que ut *bémol*, ut *naturel*, ut *dièse*.

Mieux inspirés sous ce rapport que le maître, les continuateurs de Galin ont jugé avec raison que laisser aux maîtres de l'art l'initiative d'une réforme, — si évidente qu'en fût l'utilité, — c'était exposer le genre humain à en rester fort longtemps privé : aussi n'ont-ils pas balancé à introduire dans leur enseignement la finale è pour tous les sons dièses et la terminaison *eu* pour les sons *bémols ;* de sorte qu'aujourd'hui dans l'enseignement Galiniste *dièses* et *bémols* se solfient comme il suit :

Dièses : — *tè, rè, mè, fè, jè, lè, sè.*

Bémols : — *teu, reu, meu, feu, jeu, leu, seu.*

tous leurs écrits, de même que dans leurs cours, MM. Aimé Paris et Emile Chevé se sont toujours hautement et énergiquement prononcés, — en quoi j'avoue pour mon compte que je les approuve fort, — pour la substitution de l'écriture chiffrée à notre malencontreux système de clefs, d'armures de clefs et de points blancs ou noirs, à queue ou sans queue, posés sur la portée.

Il me reste à faire connaître les signes inventés par Galin pour représenter, soit avec le chiffre, soit même avec les points noirs posés sur la portée, tout ce qui est relatif à ce qu'on appelle les valeurs des notes : il s'agit d'un système de notation dû, celui-là, tout entier à Galin, car à cet égard il n'a rien emprunté à ses devanciers ; et c'est ici, je le crois, que tout esprit dégagé de prévention va reconnaître l'immense supériorité, en clarté et en précision, des nouveaux signes sur les anciens.

IV.

LA NOUVELLE ÉCRITURE MUSICALE.

Signes des durées.

Ce n'est pas tout que de caractériser la mesure, comme on le fait d'ordinaire, en disant qu'elle est le partage de la durée en plusieurs parties égales qui s'appellent *temps* et dont chacune peut elle-même être divisée ; puis d'ajouter qu'il y a trois sortes de mesures, celle à deux *temps*, celle à trois *temps*, celle à quatre *temps* : encore faut-il expliquer ce qui fait la différence essentielle de nos trois mesures, et comment on est arrivé à les constituer.

La mesure, d'après la définition d'Emile Chevé (*routine et bon sens*, p. 71), consiste dans l'apparition d'un *son* plus fort que les autres, le quel vient frapper l'oreille à intervalles égaux et fractionne le chant en petites durées égales dont chacune est une mesure. La mesure est donc ce qui cause le fractionnement du chant en durées égales, et les mesures sont ces fragments de durée.

Dès lors sentir la mesure, c'est reconnaître tous les sons *forts;* marcher, danser en mesure, c'est marquer du pied tout son *fort*.

Comment on est arrivé à constituer trois sortes de mesures, le voici :

Une fois adoptée l'idée du son *fort* pour servir de *jalon* à l'oreille, les compositeurs dûrent en varier l'emploi de façon à faire sentir alternativement un son *fort* et un son *faible,* ou bien un son *fort* et deux sons *faibles,* ou bien encore un son *fort* et trois sons *faibles*.

De là nos trois mesures qu'on spécifia

d'abord en disant qu'elles se composaient de deux, de trois ou de quatre sons égaux dont un *fort* et les autres *faibles*.

La durée du son fort — étant ce qui frappe le plus l'oreille — fut dès-lors prise comme unité de durée, et nommée *unité de temps* et par abréviation *temps :* d'où les noms de mesure à deux temps, à trois temps, à quatre temps pour exprimer ce fait fort simple que, la durée du son *jalon* étant prise comme unité de durée, la mesure se composait de deux fois, de trois fois, de quatre fois cette durée.

Mais, peut-on demander, pourquoi n'a-t-on pas constitué de mesures à cinq temps, à six temps, à sept temps ? Le pourquoi s'explique facilement : c'est-que le besoin de jalons rapprochés est si impérieusement réclamé par l'oreille, que nous ne pouvons accepter avec plaisir et comme emploi général que le jalon qui vient de deux en deux ou de trois en trois temps : car, du reste il ne faut pas qu'on s'y trompe, la mesure à quatre temps, quoique fort usitée dans la pratique, n'est pour l'oreille qu'une mesure à deux temps, c'est-à-dire que l'oreille, malgré l'écriture, ramène les quatre temps à deux. Quant aux mesures à cinq temps dont on trouve de rares exemples, le chanteur s'abuse s'il s'imagine rendre une mesure à cinq temps : dans la réalité, il ne rend qu'un effet mixte composé de deux temps et trois temps ou de trois temps et deux temps.

Il n'existe donc bien réellement en musique que deux sortes de mesures, ou, si l'on veut, deux *mesures-types* : la binaire, celle à deux temps, et la ternaire, celle à trois temps.

Mais qu'est-ce que le *temps?* est-ce une durée absolue, fixe, invariable qu'on retrouve toujours et partout ? En aucune façon : loin d'être une durée fixe, invariable, toujours la même, quel que soit l'air ou le chant, le temps est une durée complètement arbitraire laissée à la discrétion du compositeur ou de l'exécutant.

La mesure et le mouvement sont, en musique, deux choses distinctes. Le mouvement peut varier sans que la mesure varie : ainsi la même mesure peut, suivant les cas et au gré du compositeur, avoir un mouvement ou lent ou rapide. D'ailleurs, l'invention récente d'un petit instrument, appelé *métronome*, permet aujourd'hui au compositeur d'indiquer et au chanteur de prendre d'une manière précise la durée affectée au *temps*, et par suite à la mesure, puisque la durée du temps une fois déterminée, celle de la mesure l'est aussi.

Ceci dit sur la mesure (et je préviens d'avance que l'explication est loin d'être complète), voyons, au point de vue des durées, quelles sont les idées à exprimer, et de quelle manière les exprime l'écriture inventée par Galin.

Si l'on écoute avec attention un air chanté en mesure dans un mouvement qui ne soit pas trop rapide, on remarque infailliblement ces trois choses :

D'abord que la voix du chanteur fait parfois un nouveau son pour chaque temps, c'est-à-dire qu'à chaque temps fort ou faible elle articule un son ;

Ensuite que la voix du chanteur fait quelquefois durer un son pendant plusieurs temps, c'est-à-dire qu'elle prolonge un son d'un temps sur l'autre ;

Et enfin que la voix du chanteur parfois s'arrête, se tait ou fait silence plus ou moins de temps.

De là l'on peut conclure que, relativement aux durées, il n'y a, en musique, que trois idées distinctes à exprimer : *1° un son articulé, 2° un son prolongé, 3° un silence.*

Or, si trois idées distinctes, trois idées seulement, sont à exprimer, veuillez dire combien il faut de signes pour les rendre? Trois signes, n'est-il pas vrai ; un signe pour chaque idée, ni plus, ni moins : c'est le bon sens qui dicte la réponse.

L'idée de silence étant toujours identiquement la même, il faut donc la représenter toujours et partout par un signe unique. Quel sera ce signe? Le *zéro* tout naturellement, puisque nous adoptons les chiffres pour représenter les sons.

L'idée de prolongation étant toujours identiquement la même, il ne faut également pour la représenter qu'un signe unique et toujours le même. Quel sera ce signe? Le point (.)

Quant au son articulé, son quelconque, grave ou aigu, *dièse* ou *bémol*, c'est le chiffre convenu qui le représentera.

Nos trois idées seront donc rendues ainsi : le son articulé par le chiffre, le son prolongé par le point (•), le silence par le zéro (0).

De la sorte, chaque idée a son signe propre, exclusif, unique; et, quelle que soit l'idée à exprimer,—son articulé, prolongation ou silence,—tout signe isolé (chiffre, point ou zéro) représente l'unité de temps, un temps.

Mais, dans un chant, dans un air quelconque, il n'y a pas toujours qu'un son par temps. Qu'un air soit à 2, à 3 ou à 4 temps égaux, plusieurs sons peuvent être compris dans le même temps, c'est-à-dire qu'un son peut n'occuper que moitié, tiers ou quart du temps et même une fraction plus minime; puis, ce qui arrive pour les sons articulés arrive de même pour les prolongations ainsi que pour les silences.

Rien n'est plus certain : le temps (autrement dit l'*unité* de durée) est divisible. Toutefois prenons bien garde à ceci, c'est que notre oreille n'apprécie rigoureusement, pour le temps comme pour la mesure, que la division binaire ou ternaire, la division par 2 ou par 3. Quand il arrive que le fractionnement est poussé plus loin, l'oreille établit d'abord la division binaire ou ternaire, puis elle fait subir la même subdivision aux moitiés et aux tiers.

Pour les divisions de l'unité, posons donc, avec Galin, comme loi absolue, qu'il faut :

Réunir toujours en un seul groupe, sous une barre principale, les diverses parties de l'unité, de telle sorte qu'un groupe quelconque contienne toujours les diverses parties de l'unité, jamais plus, jamais moins.

Ainsi, s'agit-il de représenter les moitiés? Le moyen est fort simple : on tire un trait horizontal qui recouvre deux signes. S'agit-il de représenter les tiers ? Le trait recouvre trois signes.

Exemple :

Moitiés	}	$\overline{12}$	$\overline{.1}$	$\overline{.0}$
Tiers	}	$\overline{123}$	$\overline{1.2}$	$\overline{102}$

S'agit-il de réprésenter les moitiés et les tiers de moitié, c'est-à-dire les quarts et les sixièmes, ou les moitiés et les tiers de tiers (sixièmes et neuvièmes), le procédé n'est pas plus difficile. Qu'on en juge plutôt :

Quarts (moitiés subdivisées par 2) } $\overline{\overline{12}\ \overline{34}}$

Sixièmes (moitiés subdivisées par 3) } $\overline{\overline{123}\ \overline{456}}$

Sixièmes (subdivision des tiers par 2) } $\overline{\overline{12}\ \overline{34}\ \overline{56}}$

Neuvièmes (subdivision des tiers par 3) } $\overline{\overline{123}\ \overline{456}\ \overline{565}}$

On peut pousser plus loin la subdivision, par exemple subdiviser les quarts par 2 ou par 3, ce qui nous donne des huitièmes et des douzièmes; puis l'on peut également subdiviser les sixièmes par 2 ou par 3, ce qui donne des douzièmes et des dix-huitièmes; enfin les neuvièmes encore par 2 ou par 3, ce qui donne des dix-huitièmes et des vingt-septièmes : mais est-il nécessaire de faire observer que, dans un morceau de musique destiné à être vocalisé, rarement on rencontre des neuvièmes, plus rarement encore des douzièmes, des dix-huitièmes, et jamais, je crois, des vingt-septièmes.

En résumé, tout signe isolé (chiffre, point ou zéro) représente *l'unité de durée, le temps;* tout groupe de signes représente de même *l'unité,* le *temps* : mais quand il y a groupe, chaque grande barre ou chaque grand trait horizontal relie et recouvre les diverses parties de l'unité. La division est-elle binaire, on voit au-dessous du trait deux signes ; est-elle ternaire, on en voit trois.

Avec cette écriture, l'œil n'a jamais devant lui que l'unité, et il l'a toujours complète, intégrale ; et que la division ou la subdivision soit binaire ou ternaire, l'œil en est immédiatement prévenu.

Voilà donc, on peut le dire, des signes parfaits ; car, à la seule inspection du signe, on reconnaît de suite la valeur de durée qu'il exprime, par exemple s'il embrasse le temps entier, ou s'il vaut moitié, tiers, quart, sixième, huitième ou neuvième du temps, en un mot n'importe quelle fraction de temps appréciable à l'oreille, (il est des fractions, répétons-le, telles que cinquième, septième, dixième, onzième, etc., dont on ne trouve pas d'exemple, cela par l'excellente raison que l'oreille ne saurait les apprécier).

Ces signes de durée, n'oublions pas d'en faire l'observation, peuvent parfaitement s'appliquer à notre écriture usuelle, je veux dire aux caractères figuratifs des notes posés sur la portée.

L'immense supériorité, en précision et en clarté, de ces nouveaux signes dûs à Galin sur nos signes usuels est tellement évidente, qu'à bon droit l'on peut trouver étonnant que les anciens signes ne soient pas encore tombés en désuétude. Combien, cependant, ne serait-il pas désirable que la musique fût enfin débarrassée de tout ce grimoire : 2/4, 3/4, 4/4, 6/8, 9/8, 12/8, 3/8, etc. (d'où il semble résulter qu'il existe autant de sortes ou d'espèces différentes de mesures), ainsi que de tous ces signes de valeur appelés *rondes, blanches, noires, croches, doubles-croches*, etc., *pause, demi-pause, soupir, demi-soupir*, etc., vrai dédale au milieu duquel l'esprit de l'élève s'égare presque toujours ou ne parvient qu'avec une peine extrême à retrouver son fil conducteur !

V.

CARACTÈRE DISTINCTIF ET INCONTESTABLE SUPÉRIORITÉ DE LA NOUVELLE MÉTHODE.

Que de choses à embrasser, que d'opérations à faire pour parvenir, je ne dirai pas à lire couramment,—mais seulement à déchiffrer plus ou moins lentement la musique, — telle qu'elle est écrite sur notre portée de cinq lignes ! (1)

---

(1) Est-il nécessaire de rappeler que c'est un moine du moyen-âge, le bénédictin Gui d'Arezzo, qui, en donnant aux notes musicales les dénominations monosyllabiques qu'elles ont conservées depuis, s'est avisé, le premier, de les figurer au moyen de signes posés sur des lignes horizontales et parallèles.

Il y a d'abord l'étude des clefs : l'une s'appelle clef de *sol*, celle-ci clef de *fa*, cette troisième clef d'*ut;* et notez bien que la même clef n'est pas toujours placée sur le même barreau, car on trouve la clef de *fa* placée tantôt sur le troisième, tantôt sur le quatrième barreau, de même qu'on trouve la clef d'*ut* placée tantôt sur le premier, tantôt sur le deuxième.

Il y a ensuite ce qu'on appelle l'armure de la clef, les *dièses* et les *bémols* qui l'accompagnent. Nouvel embarras pour l'élève : il trouve tantôt un *dièse,* tantôt deux, tantôt trois, etc., tantôt un *bémol,* deux *bémols,* trois *bémols,* etc., tantôt absence de *dièses* et de *bémols,* bref autant d'armures différentes qu'il existe de tons ayant pour *tonique* un son différent.

Vient en troisième lieu le signe indicatif de la mesure. Autre embarras non médiocre! — dans l'origine on employait jusqu'à huit signes différents pour exprimer une même idée, l'*unité de temps :* ainsi la *ronde,* la *blanche,* la *noire,* la *croche,* puis la *ronde pointée,* la *blanche pointée,* la *noire poin-*

tée, la *croche pointée,* pouvaient tour à tour exprimer.... quoi?.... cette idée unique : — l'*unité de temps, un temps*. De la sorte, on comptait jusqu'à vingt-quatre espèces de mesures : merci du peu! — Plusieurs de ces mesures ont, il est vrai, fini par tomber en désuétude; mais il en reste encore sept que l'on rencontre communément : — ce sont les mesures 2/4, 3/4, 4/4 (figurée par un grand C), 3/8, 6/8, 9/8, 12/8, et d'autres plus rarement usitées telles que 2/2, 3/2, 4/2, 9/4, 12/4, 2/8, 6/16, 9/16.

Qu'est-ce donc aujourd'hui que la musique telle qu'on nous l'a faite? Certes, il est permis de le dire avec Jean-Jacques Rousseau, c'est bien moins la science des sons et des rythmes que la science des *rondes,* des *blanches*, des *noires*, des *croches*, des *doubles-croches,* et de tout cet attirail compliqué qu'on appelle *clefs* de *sol,* de *fa* ou d'*ut* et mesures 2/4, 3/4, 4/4, 3/8, 6/8, etc.

Au milieu de cette multitude de signes dont on a comme à plaisir surchargé la musique, quoi d'étonnant, je le demande, que l'esprit de l'élève se trouve à chaque instant déroulé et hors d'état de se reconnaître !

Sait-on ce qui a longtemps retardé le progrès des mathématiques ? Ce n'est pas autre chose que l'emploi de signes défectueux, l'emploi du fameux chiffre romain. Qui peut en effet douter que ce ne soit à l'adoption du chiffre arabe que les mathématiques doivent leur rapide essor, leur vulgarisation générale ainsi que le haut degré de développement qu'elles ont atteint.

Par la même raison, veut-on que la musique devienne accessible au grand nombre et cesse de rester pour les masses un véritable logogriphe : tenons-le pour bien certain, il est absolument nécessaire de faire pour elle ce qu'on a fait pour les mathématiques, je veux dire qu'il faut au plus vite la débarasser de ces signes défectueux qui en rendent l'étude si ardue, et se servir, pour exprimer les idées qu'elle contient, de signes clairs, précis et rationnels.

Un bon système graphique est, n'en doutons pas, un point capital pour une science ; et, gardons-nous de l'oublier, la musique est une science, puisqu'elle est, comme l'a fort bien dit Galin, *un art soumis à des lois physiques qu'il ne faut qu'observer et recueillir pour en composer un corps de doctrine.*

Or, le premier avantage que présente la *Méthode Galin-Paris-Chevé,* c'est incontestablement celui d'une langue très-bien faite et très-complète,—langue où, je l'ai montré, chaque chose a son nom et son signe propre, chaque nom comme chaque signe sa chose, sans que jamais deux choses différentes subissent le même nom, sans que jamais deux noms ou deux signes s'appliquent à la même chose. Quoi qu'on en puisse dire, ce premier avantage est déjà énorme ; et, du reste, on va voir que ce n'est pas là le seul côté par où la nouvelle méthode se distingue des anciennes et leur est infiniment supérieure.

Ce que tout esprit logique m'accordera sans peine, c'est que, en thèse générale, on n'apprend vite et facilement que ce qu'au préalable on a pu comprendre. Que si en effet vous voulez faire entrer dans l'esprit d'un élève quelque chose que vous ne lui expliquez pas et dont il vous demande ne vain le pourquoi, soyez sûr que vous n'y parviendrez pas aisément.

Rendre compte des faits au fur et à mesure qu'ils se présentent, les faire nettement saisir, et ne s'adresser à la mémoire que lorsque le raisonnement est impossible, voilà donc, en musique comme en tout autre genre d'étude, la condition obligée d'une bonne méthode d'enseignement, d'une méthode qui, loin de rebuter l'écolier dès les premiers pas, ait toute chance de le conduire au but.

Eh bien ! supposez-vous qu'en fait d'enseignement musical cette condition se trouve aujourd'hui remplie : — dans ce cas vous êtes loin de compte.

Quelle est la première chose qu'on montre à l'élève ? une portée, avec une clef qui n'est pas toujours la même, puis des *rondes,* des *blanches,* des *noires,* des *croches,* etc.

On lui fait solfier la gamme, les huit sons diatoniques *do, ré, mi, fa, sol, la, si, do,* et on lui dit que ces sons sont *bécarres* ou *naturels* par opposition à d'autres sons appelés *dièses* est *bémols*, d'où il est tenté d'induire que, parmi les sons dont se compose notre système musical, il en est qui sont dans la nature et d'autres hors de la nature : mais lui explique-t-on ce que c'est que cette gamme dite *naturelle,* en quoi elle diffère (si différence il y a) des autres gammes où interviennent en plus ou moins grand nombre des *dièses* ou des *bémols,* ces sons improprement qualifiés de non-*naturels* parce qu'ils sont ou plus aigus ou plus graves que ceux dont ils portent le nom ; lui fait-on voir en un mot (et quand je dis *voir,* je veux dire apprécier, saisir, comprendre) ce que c'est que le *dièse* ou le *bémol* par rapport au son *bécarre* dont il porte le nom, et pourquoi par exemple en ton de *sol* on ne rencontre qu'un *dièse,* tandis qu'en ton de *ré* on en rencontre deux ? en outre, lui enseigne-t-on comment il faut s'y prendre pour parvenir à entonner juste le premier *dièse* ou le premier *bémol* venu ? — Si vous supposez que sur tout cela on donne à l'élève des notions claires, précises, facilement compréhensibles, vous êtes dans une grande erreur.

Ainsi, qu'est-ce que notre gamme diatonique? est-ce quelque chose d'arbitraire, de pure convention, ou au contraire quelque chose d'absolu, de fixe, de mathématique qu'il ne dépend pas de nous de changer dans les rapports et les propriétés de ses sons? puis, comment, la gamme diatonique une fois déterminée, en a-t-on tiré la gamme dite mineure, les différentes gammes *majeures* et *mineures* où l'on rencontre en plus ou moins grand nombre des *dièses* et des *bémols*, ainsi que les gammes *chromatiques*, celles qui comprennent 12 sons dans l'étendue d'une octave, et enfin la gamme *enharmonique*, celle qui comprend dans l'étendue de l'octave jusqu'à 17 sons dont 5 *dièses* et 5 *bémols?* Ce sont là, sans parler de beaucoup d'autres, autant de questions sur lesquelles les traités élémentaires de musique restent muets ou ne fournissent que des explications incompréhensibles et souvent même erronées.

Ouvrez certains solfèges, ceux qui, ne se bornant pas à des collections d'exercices, font un peu de théorie, qu'y trouvez-vous tout d'abord? — l'énigme que voici :

« La gamme se compose de cinq *tons* et de deux *demi-tons.* »

Les *cinq tons,* autrement dits les cinq intervalles de seconde majeure *ut-ré, ré-mi, fa-sol, sol-la* et *la-si,* sont-ils égaux entre eux ? non, répond le *solfège;* il y a trois *tons majeurs* et deux *tons mineurs ;* les trois *tons majeurs* sont *ut-ré, fa-sol* et *la-si,* les deux mineurs *ré-mi* et *sol-la,* et le rapport du ton majeur au ton mineur est de 9 à 8, c'est-à-dire que le ton majeur dépasserait d'un neuvième le ton mineur.

Or, ceci est-il exact ? pas le moins du monde: les cinq secondes majeures *ut-ré, ré-mi, fa-sol, sol-la* et *la-si,* il est facile de le démontrer, sont parfaitement égales entre elles.

Allez plus loin, vous trouverez dans les *solfèges* un autre *rébus* ainsi conçu : « il y a deux sortes de *demi-tons,* le *demi-ton majeur* et le *demi-ton mineur.* »

Qu'est-ce que le *demi-ton* majeur? c'est, vous dit-on, l'intervalle de seconde mineure, par exemple *mi-fa* ou *si-ut.* Qu'est-ce que le *demi-ton* mineur? c'est l'intervalle *ut-ut dièse* ou bien l'intervalle *ré bémol-ré.*

De là, tout naturellement, vous concluez que le son *ut dièse* est plus voisin de l'*ut* naturel et conséquemment plus grave que le son *ré bémol* : — pourtant il n'en est rien, car le *ré bémol* est au-dessous et non pas au-dessus de l'*ut dièse*.

Par la même raison vous vous figurez que la seconde mineure *mi-fa* ou *si-ut*, appelée *demi-ton majeur*, est un peu plus de la moitié du ton (soit les deux tiers du ton). Autre erreur : dans la réalité, elle est un peu moins de la moitié du ton.

A la question : *qu'est-ce que le dièse*, — sait-on maintenant ce que répond le *solfège?* Il répond : c'est un signe qui élève la note d'un *demi-ton mineur*. Réponse analogue pour le *bémol* : c'est un signe qui abaisse la note d'un *demi-ton mineur*.

S'agit-il dès-lors d'entonner le *dièse* ou le *bémol?* haussez ou baissez la note d'un *demi-ton mineur*, dit le professeur à l'élève.

Voilà l'élève bien avancé. Comment mesurer un *demi-ton mineur?* il sait chanter *ut, ré, mi* : mais qu'elle inflexion donnera-t-il à sa voix pour transformer par exemple le *ré* naturel en *ré* dièse ou en *ré* bémol, son plus haut ou plus bas de cette quantité fort difficile à apprécier qu'on appelle un *demi-ton mineur?* A coup-sûr il est fort embarrassé, et le professeur ne le tire d'embarras (quand encore il l'en tire) qu'en lui faisant entendre sur un instrument ou avec la voix le son *ré dièse* ou le son *ré bémol*.

Ainsi, fausses notions théoriques, ou, pour mieux dire, absence de théorie,—sans compter une langue mal faite, un système graphique d'une complication sans égale, — voilà ce qui caractérise l'enseignement musical usuel. N'ayez garde qu'il présente à l'élève des observations à faire, des principes que son esprit puisse nettement saisir ; ce qu'on présente à retenir à l'élève, ce sont des principes qui supposent en lui des observations faites, la science acquise ; et notez encore que la plupart des principes soumis, — non pas au raisonnement, — mais à la mémoire de l'élève, n'ont aucune base fixe et le plus souvent sont erronés. Dans ces conditions, si dès l'abord les méthodes usuelles ne rebutaient pas neuf écoliers sur dix, il faudrait crier au miracle !

La méthode *Galin-Paris-Chevé* réussit au contraire à conduire en peu de temps au but neuf écoliers sur dix, veut-on savoir pourquoi : c'est qu'elle suit une marche toute différente, c'est qu'elle a bien soin de procéder conformément à ce principe que, ce que nous retenons le mieux, c'est ce qu'on nous fait trouver de nous-même et parfaitement comprendre.

VI.

SIMPLIFICATION DE L'ÉTUDE MUSICALE AU POINT DE VUE DE L'INTONATION.

Vous n'êtes pas musicien, vous n'avez jamais ouvert un livre de musique; mais vous avez une voix juste, agréable, vous aimez le chant, et vous êtes doué, d'ailleurs, d'une excellente mémoire musicale, il vous suffit d'entendre un chant quelconque une fois ou deux pour le retenir. Dans ces conditions, vous entrez à l'Opéra Italien, et vous assistez à la représentation du *Trovatore* : parmi les motifs que vous entendez, il s'en trouve un qui vous frappe plus que les autres et qui reste gravé dans votre mémoire; je suppose que ce soit la fameuse ballade *Stride la Vampa.*

Voilà donc qu'un beau jour il vous arrive de chanter cette ballade dans le diapason de votre voix : ceux des ignorants en musique qui vous entendent ne vous disent rien ou vous disent que vous chantez l'air tel qu'ils l'ont entendu et de la même manière qu'ils le chanteraient eux-mêmes : mais il se trouve qu'un musicien (un musicien exercé, savant) vous entend à son tour et s'écrie : « Monsieur, ce n'est pas cela, vous altérez l'air ; il est écrit en *mi* mineur et vous le chantez en *ré* mineur. » Vous vous arrêtez tout surpris, vous ouvrez de grands yeux : « Quoi, — vous dites-vous, — aurais-je fait du chant comme M. Jourdain faisait de la prose! » et tout aussitôt vous demandez ce que c'est que de chanter en *ré* ou en *mi*.

Là-dessus le savant musicien vous apprend qu'il existe en musique quinze *tons majeurs* au moins et autant de *mineurs ;* que chaque ton, celui d'*ut majeur* excepté, a des accidents qui haussent ou baissent la note d'un *demi-ton mineur;* que ces accidents nommés *dièses* ou *bémols* sont en plus ou moins grand nombre dans chaque ton; puis il ajoute : « Vous voyez bien que, puisque vous chantez en *ré mineur* ce qui est écrit en *mi mineur,* vous ne chantez pas dans le ton marqué par l'auteur, et que vous estropiez son air, car il faut que vous sachiez que tel ton est éclatant, tel autre agréable et facile, tel autre brillant mais un peu criard, tel autre beau et majestueux, etc. »

Ne sachant que répondre, vous ne répliquez mot. Seulement vous ne pouvez vous empêcher de faire à part vous cette réflexion : — « J'ai pourtant reproduit l'air tel que je l'ai entendu, et comment se fait-il qu'on m'accuse de l'avoir altéré, parce que, au lieu de le chanter en *mi,* je l'ai chanté en *ré.* »

Après avoir bien réfléchi, si vous aimez à vous rendre compte des choses, peut-être en arriverez-vous à dire :

« Sans doute, j'aurai chanté l'air trop bas, ce qui aura blessé l'oreille puriste de mon musicien habitué à entendre chanter l'air à une hauteur déterminée, à un certain point d'audition, et ne souffrant pas qu'on le chante à un autre diapason ; mais en réalité, quoique j'aie chanté en *ré* et non pas en *mi*, je n'ai pas moins chanté le même air que si j'avais chanté en *mi* mineur, ton marqué par l'auteur. »

Disant cela, vous aurez parfaitement raison. Vous n'avez en effet nullement estropié l'air, vous l'avez bien reproduit tel quel ; seulement vous avez pris votre tonique, votre point de départ, un ton plus bas, cela parce que le diapason de votre voix vous le permettait.

A quelque degré d'élévation ou de gravité que l'on prenne la tonique, il ne faut donc pas croire que pour autant la gamme diffère, car elle reste bien exactement la même.

Ainsi, qu'est-ce que la gamme de *sol* où le *fa naturel* disparaît pour faire place au *fa dièse*, ou qu'est-ce que la gamme de *fa* où le *si naturel* est remplacé par le *si bémol* ? Ce n'est toujours, ni plus ni moins, que la gamme ou l'échelle d'*ut-majeur* composée, comme on dit, de 5 tons et de 2 demi-tons, ou, pour parler plus exactement, de 5 secondes majeures et de deux secondes mineures.

L'air *sol, la, si, ut, ré, mi, fa dièse, sol;* l'air *fa, sol, la, si bémol, ut, ré, mi, fa,* et l'air *ut, ré, mi, fa, sol, la, si, ut,* sont-ce là trois airs différents? nullement : ce sont trois airs parfaitement identiques; il n'existe entre eux d'autre différence que le plus ou moins d'élévation ou d'acuité de la tonique.

Quel que soit le son adopté pour tonique et à quelque hauteur qu'on le prenne,—sous le point de vue des intervalles que forment entre eux les divers degrés de la gamme,—les rapports des sons restent bien identiquement les mêmes, et l'air ne change pas : s'il paraît affecter plus ou moins agréablement l'oreille, selon qu'on prend la tonique plus haut ou plus bas, c'est qu'un air, comme un tableau, comme une statue, a son jour, son point de vue, *son point d'audition,* hors duquel il peut perdre de ses qualités, sans que, du reste, les rapports entre ses diverses parties soient le moins du monde changés.

Aussi bien, chantez successivement par exemple l'air : *Ah! vous dirai-je maman,* ou tout autre air connu, en ton de *sol*, en ton de *fa*, en ton de *mi*, en ton de *ré*, en ton de *si bémol* ou dans l'un quelconque des différents tons, à coup sûr votre oreille ne s'y trompera pas et le reconnaîtra toujours pour le même air.

D'où vient donc cette erreur, — généralement accréditée parmi les musiciens, — qui leur fait attribuer à chacun de nos différents tons *majeurs* ou *mineurs* un caractère spécial, et prétendre que l'on estropie un air quand on le chante dans un *ton* qui n'est pas celui marqué par l'auteur? L'erreur en question tient à l'usage de nos instruments *tempérés* qui, ne pouvant pas produire la gamme *enharmonique*, nous donnent le même son pour l'*ut dièse* et le *ré bémol*, comme pour le *sol dièse* et le *la bémol*, de même que pour le *si dièse* et l'*ut* naturel, etc.; d'où il arrive que, sur ces instruments, on trouve certaines gammes avantagées aux dépens des autres et produisant un effet légèrement différent à l'audition.

Nos instruments tempérés divisent en effet l'octave en douze parties qui ne sont pas parfaitement égales, c'est-à-dire en 12 demi-tons dont l'égalité n'est pas parfaite : c'est ce qui fait que, parmi les 12 gammes majeures et les 12 gammes mineures fournies par ces instruments, il s'en trouve un certain nombre qui ne sont pas exactement pareilles et diffèrent plus ou moins. Mais de là que s'en suit-il? que, si les unes sont justes, les autres ne le sont point.

Faut-il que notre voix (notre admirable larynx,—instrument de fabrique divine), se modèle sur l'instrument de fabrique humaine, et se donne bien garde de chanter un air autrement que ne le rend l'instrument tempéré? Sans doute, notre voix est parfaitement maîtresse d'imiter l'instrument : mais, si elle l'imite, qu'arrive-t-il? que, de même que lui, dans certains cas elle chante faux.

Le nombre des gammes que peut embrasser la voix humaine (de même que tout instrument juste comme le violon ou le cor) dépasse de baucoup celui des gammes que fournit le piano. Du reste, quel que soit le nombre des différentes gammes qu'embrasse la voix ou l'instrument juste, ce qui n'est pas moins très-certain, c'est que toutes se réduisent en définitive à deux, c'est-à-dire à nos deux airs typiques, l'air dit *majeur ut, ré, mi, fa, sol, la, si, ut,* et l'air dit *mineur la, si, ut, ré, mi, fa, sol dièse, la.*

C'est là ce qu'avait parfaitement compris Jean-Jacques Rousseau. Aussi, disait-il fort bien :—« Il n'est, en musique, que deux modes, le *majeur* et le *mineur ;* qu'est-ce que chanter ou jouer en *ré* majeur, sinon transporter l'échelle d'*ut* majeur un ton plus haut et la placer sur *ré* comme tonique ; qu'est-ce que chanter ou jouer en *sol* mineur, sinon transporter l'échelle de *la* mineur un ton plus bas et la placer sur *sol* comme tonique. »

J'ajoute que c'est là, d'un autre côté, ce qu'avait pleinement reconnu le célèbre musicien Rameau. Aussi, écrivait-il : — « L'échelle diatonique est la même dans tous les tons, et le caractère d'un air ne peut venir que de l'entrelacement des tons ou des modes, de la mesure plus ou moins vive, mais ne dépend nullement du ton principal qui y domine. »

Ceci bien établi qu'il n'existe en musique que deux modes, que toutes nos différentes gammes majeures ne sont autre chose que l'échelle ou la gamme d'*ut* majeur, de même que toutes nos différentes gammes mineures ne sont rien autre chose que la gamme ou l'échelle de *la* mineur, — ce fait, dis-je, bien établi, bien reconnu, arrivons à la conséquence qui en découle.

La conséquence n'est-elle pas celle-ci : qu'un air, un chant quelconque, quelqu'en soit le son tonique, peut être écrit, si le mode en est majeur, dans le ton d'*ut* majeur, c'est-à-dire avec les signes qui représentent les notes de la gamme d'*ut* majeur, et, si le mode en est mineur, dans le ton de *la* mineur, c'est-à-dire avec les signes représentatifs des notes de la gamme de *la* mineur.

Ainsi voici un air qui a pour tonique le son *si* et qui est en mode majeur : l'air sera-t-il changé, parce que, au lieu de l'écrire en *si*, ton qui comporte cinq dièses, je l'aurai écrit en *ut*, ton qui ne comporte ni *dièse* ni *bémol?* Non : ce sera toujours le même air.

Voici un autre air ; il a pour tonique le *la* bémol, et le mode en est mineur : sera-t-il changé, parce que, au lieu de l'écrire avec une armure de sept *bémols* à la clef, je l'aurai écrit en *la* mineur, sans *dièse* ni *bémol* à la clef? Non : ce sera toujours le même air.

Quel besoin dès-lors de conserver vos trois clefs de *sol,* de *fa* et d'*ut* en même temps que vos quinze armures différentes des clefs, puisque, tout chant, tout air quelconque, quel qu'en soit le ton réel, vous pouvez l'écrire en *ut* majeur si le mode est majeur, en *la* mineur quand le mode est mineur, et que, pour l'indication du *ton réel,* il vous suffit de mettre en tête du morceau ces mots : ton de *ré,* ton de *si,* ton de *fa,* ton de *sol,* etc., majeur ou mineur.

Après cela, pour solfier l'air dans le ton réel, dans le ton indiqué par l'auteur, est-il nécessaire que vous vous serviez de monosyllabes autres que ceux de la gamme d'*ut majeur* ou de la gamme de *la mineur* ? Nullement : pour solfier dans le ton indiqué qu'avez-vous à faire ? une chose bien simple et bien facile si vous avez à votre disposition un diapason ou un instrument qui vous donne le ton : vous n'avez qu'à prendre votre *ut* ou votre *la* tonique à la hauteur de la *tonique* indiquée, par exemple un ton plus haut, si la tonique réelle est *ré* en mode majeur, un ton plus bas si c'est *sol* en mode mineur.

Cela faisant, tout en solfiant avec les monosyllabes d'*ut majeur* ou de *la mineur*, vous ne solfierez pas moins dans le ton qu'a désigné l'auteur, c'est-à-dire que vous chanterez l'air comme l'auteur a voulu qu'il fût chanté,—ou juste à la hauteur qu'il a prescrite.

Le lecteur commence-t-il à comprendre à quel degré de simplification peut être ramené l'enseignement musical sous le rapport de l'intonation ?

Puisque bien évidemment tous nos tons majeurs ne sont qu'un seul et même air, et que d'autre part tous nos tons mineurs ne sont également qu'un seul et même air, puisqu'en un mot un air quelconque, pour être chanté à des hauteurs différentes, n'en reste pas moins le même air, est-ce donc que la musique doit comporter plus de deux langues distinctes, et par exemple autre chose que la langue d'*ut majeur* pour tous les tons majeurs et celle de *la mineur* pour tous les tons mineurs ?

Pour désigner la tonique, à quelque degré d'élévation qu'on la prenne, à quoi bon plusieurs signes et plusieurs noms quand un seul suffit ? Pourquoi, en mode majeur, ne pas écrire et appeler invariablement *ut* votre tonique, *sol* votre dominante, *mi* votre médiante, etc., et, en mode mineur, pourquoi ne pas écrire et appeler invariablement ces mêmes notes : *la, ut, mi ?* Comme si le plus vulgaire bon sens ne vous faisait pas une loi d'appliquer toujours le même signe et le même nom à la même idée !

Avec l'ancienne manière de noter et de solfier, qu'arrive-t-il ? que l'élève qui sait lire et solfier en *ut* majeur et en *la* mineur ne sait rien encore, car il faut qu'il apprenne en outre à solfier en *ré*, en *mi*, en *fa*, en *sol*, etc., c'est-à-dire que force est pour lui d'apprendre autant de langues différentes qu'il existe de tons différents. Vraie Babel, on peut le dire, que notre musique avec ses quinze langues majeures, ses quinze langues mineures !—par suite faut-il s'étonner de la difficulté de l'étude et de la pauvreté des résultats !

Qu'on veuille n'en pas douter, c'est pour avoir évité cette faute énorme de la multiplicité des langues, c'est pour avoir suivi les indications de la nature, du bon sens et de la raison, c'est, en un mot, grâce à l'adoption d'une langue unique pour tous les tons majeurs comme pour tous les tons mineurs, — que la *Méthode Galin-Paris-Chevé* est parvenue à simplifier l'étude de l'intonation, au point d'en faire pour l'élève, sinon tout-à-fait un jeu, du moins une étude dégagée de toute difficulté sérieuse.

VII.

SUPÉRIORITÉ DE L'ENSEIGNEMENT GALINISTE ÉTABLIE PAR LES FAITS.

Monsieur, — me disait un jour un vieux professeur de musique auquel j'avais fourni quelques explications sur les procédés de la nouvelle méthode, — je ne fais pas difficulté de vous accorder que notre notation musicale, avec sa portée de cinq lignes, ses trois clefs et ses mesures 2/4, 3/4, 4/4, 3/8, 6/8, 9/8, 12/8, etc., peut donner lieu à de justes critiques. Sans nul doute, il serait avantageux de réduire nos trois clefs à une seule et toutes nos mesures aux trois fondamentales — 2 temps, 3 temps, 4 temps : mais pour opérer une réforme de cette nature est-il donc nécessaire de changer notre écriture musicale? Veuillez remarquer que la notation chiffrée que vous voulez substituer à la notation usuelle ne peut pas s'appliquer à la musique instrumentale, notamment à la musique de piano. Or, s'il est manifestement impossible d'employer le chiffre pour noter une partition de piano, ne me parlez plus de votre notation chiffrée; si claire et si précise que vous la prétendiez, je me permets de vous affirmer qu'elle ne vaut rien, car il ne faut pas qu'en musique il y ait deux écritures, une pour les instruments et une autre pour la voix.

Et là-dessus mon brave interlocuteur de s'imaginer qu'il venait de produire contre l'enseignement galiniste un argument décisif, un de ces arguments auxquels il n'y a rien à répondre — tant ils sont foudroyants d'évidence! notez bien qu'à ce premier argument — qui déjà lui semblait sans réplique — il en ajoutait un second, à son avis plus écrasant encore, formulé en ces termes :

« D'ailleurs, monsieur, votre *Méthode Galin-Paris-Chevé* a été hautement condamnée et victorieusement réfutée par les grands maîtres de l'art, les *Auber*, les *Halévy*, les *Meyerbeer*, les *Berlioz*, les *Niedermeyer*, les *Ambroise Thomas*, etc.! »

Le lecteur pense bien que je ne me tins pas pour battu, et que je pus, sans trop de difficulté, opposer d'excellentes raisons aux deux arguments derrière lesquels se retranchait mon antagoniste comme dans une forteresse inexpugnable; mais, comme il n'est pire sourd que celui qui ne veut pas entendre, mes raisons, si excellentes qu'elles fussent, ne furent pas plus goûtées qu'entendues; et mon vieux professeur de musique resta très-fermement convaincu que la *Méthode Galin-Paris-Chevé* ne vaut absolument rien, d'une part parce qu'elle a été repoussée par les grands maîtres de l'art, et d'autre part parce qu'elle a l'étrange audace de vouloir changer une écriture consacrée par un usage de six siècles et parvenue, comme dit M. Fétis (une autorité musicale déjà bien ébranlée — dont l'avenir fera complète justice), *à un degré de perfection relative très-satisfaisant*.

Que, parmi nos professeurs de musique,

on en trouvât encore aujourd'hui dix-neuf sur vingt partageant cette conviction de vieux praticien qui résiste à toutes les démonstrations et ne se rend pas même devant l'évidence, voilà ce dont, pour ma part, je ne serais pas trop surpris ; et cependant s'il est quelque chose qu'à bon droit il soit permis de trouver peu explicable, c'est sans contredit ce parti pris des musiciens de refuser toute valeur à une méthode qui, depuis plus de vingt années, s'expérimente tous les jours publiquement, et s'expérimente avec un succès tel qu'il étonne en même temps qu'il édifie tous les gens impartiaux qui en sont témoins.

Entre les faits nombreux qui, dans ces derniers temps, ont prouvé, de la manière la moins contestable et la plus éclatante, la supériorité de la *Méthode Galin-Paris-Chevé* sur nos méthodes usuelles, qu'on me permette ici d'en rappeler un qui, déjà, remonte à près de quinze ans, et qui obtint, à l'époque où il eut lieu, un très-grand et très-légitime retentissement.

Dès l'année 1850, Emile Chevé, ce vaillant

champion de l'idée galiniste, avait fondé, à Paris, sous le nom de *Société de l'Ecole Galin-Paris-Chevé*, une société chorale composée à son origine de 180 membres, — tous anciens élèves de ses cours, — société qui existe encore aujourd'hui et continue à porter haut et ferme le drapeau de la nouvelle école (la mort de son fondateur n'a pas été pour la société, — Dieu merci ! — une cause de dissolution).

Or, deux années après sa fondation, cette société avait acquis déjà assez de notoriété, pour qu'un jury, pris exclusivement dans l'école officielle, voulût bien, sur la demande d'Emile Chevé, organiser un concours international, auquel furent conviées toutes les sociétés chorales françaises et étrangères et toutes les écoles de musique.

Le jury était composé des notabilités musicales que voici : — Hector BERLIOZ, *président ;* Henri REBER, *vice-président ;* TAJAN-RÔJÉ et Allyre BUREAU, *secrétaires ;* A. ELWART, A. THYS, Aimé MAILLART, Edmond MEMBRÉE, Emile PRUDENT, F. DELSARTE, Félicien DAVID, Ferd. HILLER, F. SEGHERS,

G. Meyerbeer, Gustave Hequet, Henri Blanchard, J. Armingaud, Kastner, J. Offenback, L. Besozzi, L. Kreutzer, L. Massart, L. Lacombe, Lefébure-Vély, Meifred, Rosenhaim, Th. Gouvy, Th. Schlœsser, Tilmant aîné, Vieuxtemps, Victor Massé.

Le programme des épreuves du concours fut ainsi fixé par le jury, qui le fit publier dans plus de deux cents journaux, et l'envoya à toutes les sociétés chorales dont il put avoir le nom :

Première épreuve : — Exécution de trois chœurs appris à loisir.

Deuxième épreuve : — Exécution d'un chœur inédit, composé exprès pour la circonstance, le même pour tous les concurrents, et qui ne leur sera délivré pour l'étude que 24 heures avant l'exécution publique. Ce chœur sera fourni par le jury.

Troisième épreuve : — Lecture à première vue, en solfiant, d'un chœur inédit composé exprès pour la circonstance et fourni par le jury. Chaque société lira sur l'écriture qui lui conviendra le mieux.

Quatrième épreuve : — Ecrire un air sous la dictée. Cet air inédit, fourni par le jury, et le même pour tous les concurrents, sera vocalisé à chaque société par son directeur. Chacun des membres de chaque société sera tenu de livrer, au jury, sa copie écrite sur celle des huit clefs et dans celui des 15 tons qui lui seront imposés par le jury.

Bien que le jury tout entier fût pris dans l'école officielle et composé de notabilités musicales en grande majorité fort peu sympathiques à l'idée galiniste, aucune société de l'ancienne école ne se présenta, malgré les instances réitérées du jury ; et la société chorale de l'école *Galin-Paris-Chevé* osa seule affronter ce programme, alors sans précédent.

Les expériences furent subies par elle, le 12 juin 1853, à la salle Sainte-Cécile, en présence de quinze cents personnes. Le résultat fut tel, que le jury à l'*unanimité* fit la déclaration suivante :

« La société chorale dirigée par M. Emile Chevé a subi, d'une manière satisfaisante, les épreuves imposées par le règlement du concours. »

Ainsi — chose inouïe et jusque-là tout-à-fait sans exemple ! — une masse de 180 personnes, non musiciennes de profession, avait lu à *première vue* en public, pris, à l'audition, une dictée musicale vocalisée, et écrit cette dictée sur toutes les clefs et dans tous les tons ; et chose à coup sûr significative ! — sur le triple terrain de *la lecture à première vue*, de *l'écriture sous la dictée* et de *la transposition sur toutes les clefs et dans tous les tons*, la société chorale *Galin-Paris-Chevé* avait fait reculer toutes les sociétés chorales françaises et étrangères et tous les conservatoires !

A ce fait, — déjà si probant quand il serait le seul que l'on pût citer, — que d'autres faits sont venus depuis se joindre, pour attester le mérite de cette méthode qui, au dire de certains musiciens, aurait été victorieusement réfutée par les grands maîtres de l'art.

Il y a quelques années, l'empereur de Russie avait donné mission au comte Sollohub, l'un de ses chambellans, d'étudier la question de l'enseignement musical en Allemagne, en Italie, en France, en Suisse, etc. Assurément, il est permis de penser qu'une telle mission n'eût pas été confiée à un homme incompétent pour la remplir. Or, veut-on savoir quel fut le résultat des investigations du comte Sollohub? Le résultat hautement proclamé par lui fut qu'en fait d'enseignement musical la seule méthode véritablement rationnelle et en même temps la seule capable de vulgariser promptement l'art du chant parmi les masses, était la *Méthode Galin-Paris-Chevé*.

C'est quelque chose, sans doute, que l'adhésion publique aux doctrines galinistes du chambellan de l'empereur de Russie; toutefois l'on peut m'objecter que, si éclairée qu'on la suppose, l'appréciation du comte Sollohub en pareille matière ne saurait passer pour celle d'un homme suffisamment compétent.

Soit, répondrai-je : tout au moins on voudra bien m'accorder que le fait acquiert une certaine portée, si on le rapproche de cette circonstance — qu'à la même époque la haute valeur de la *Méthode Galin-Paris-Chevé* était déjà publiquement avouée et proclamée par des notabilités dont certes on ne contestera pas la compétence, ces notabilités ayant nom : — Rossini, le prince Poniatowski, Félicien David, Gevaert, Edmond Membrée, Lefébure-Vély, F. Litz, Emile Prudent, etc.

Et, du reste, quand parut, il y a six ans, la fameuse brochure dans laquelle un certain nombre de ces hommes qu'on appelle les princes de l'art, tels que les *Auber*, les *Halévy*, les *Gounod*, les *Meyerbeer*, les *Berlioz*, les *Ambroise Thomas*, etc., s'avisèrent de formuler leur arrêt de condamnation contre l'enseignement Galiniste et ses propagateurs, sait-on la réponse qui leur fut opposée par le comité de patronage dont le duc de Morny était alors président, et l'illustre maëstro Rossini vice-président ?

La réponse fut courte, mais, je crois, concluante. Elle consista dans les trois propositions suivantes adressées aux signataires de la brochure :

1° Que chaque école expose scientifiquement au tableau ses principes et ses moyens d'action ;

2° Que des expériences pratiques et comparatives

soient faites sur les résultats déjà obtenus de part et d'autre ;

3° Que deux expériences parallèles, sur deux masses tout-à-fait étrangères à la musique, soient tentées : l'une, sous la direction de MM Pasdeloup et Bazin, directeurs de l'orphéon, ou de toute autre personne ; l'autre, sous la direction de M. Chevé.

Ces trois expériences faites, on saura définitivement à quoi s'en tenir, et une fois édifié, on cessera, de part et d'autre, *une polémique inutile et indigne de l'art.*

Les uns et les autres nous cherchons la vérité, nous la trouverons mieux ensemble.

Déjà des propositions de même nature avaient été plus d'une fois adressées par Emile Chevé aux adversaires de la méthode, qui toujours les avaient déclinées ; mais, — cette fois-ci, — ne pas accepter de telles propositions, alors qu'elles étaient faites, dans les termes qu'on vient de lire, par des notabilités aussi considérables que le *duc de Morny*, *Rossini*, le *prince Poniatowski*, etc., je demande si, de la part des défenseurs de l'ancien mode d'enseignement, ce n'était pas baisser pavillon et s'avouer vaincus.

Eh bien ! nos princes de l'art, ces hommes réputés de si bonne foi dans leur lutte contre l'idée nouvelle, reculèrent bel et bien devant la preuve de fait qu'on leur offrait. La vérité, la lumière, — sur une question d'un intérêt aussi capital pour la moralisation des masses qu'est celle de la vulgarisation de l'art du chant, — apparemment ce n'était pas là ce qu'ils voulaient, ce qu'ils cherchaient.

Devant un fait de cette nature, quel commentaire ne serait superflu ! Certes, s'il est une vérité qui doive maintenant paraître à mon lecteur hors de toute contestation sérieuse, c'est, il me semble, celle-ci — à savoir : que la *Méthode Galin-Paris-Chevé* offre, comme démonstration de l'excellence de ses procédés, la meilleure et la plus irréfutable de toutes les preuves, celle qui résulte des faits.

VIII.

NOTIONS THÉORIQUES.

Tout le monde sait que le mot *gamme* est depuis longtemps employé pour désigner l'échelle des sons musicaux ; et ce que savent en même temps ceux qui ont quelque notion de théorie musicale, c'est qu'on distingue en musique trois sortes de gammes :

1° Les *diatoniques* ainsi appelées parcequ'elles sont censées procéder par tons ;

2° Les *chromatiques*, celles qui, comprenant 12 sons dans l'étendue de l'octave, divisent l'échelle octavienne en 12 degrés qu'on suppose à tort autant de *demi-tons* ;

3° La gamme *enharmonique*, à tort déclarée inchantable par les musiciens, celle qui, comprenant jusqu'à 17 sons dans l'étendue de l'octave, divise l'échelle octavienne en 17 degrés dont cinq forment le petit intervalle appelé *comma*, et les 12 autres forment autant de secondes mineures improprement appelées *demi-tons*.

J'ai dit précédemment qu'il n'existe en musique que deux *modes*, le *mode majeur* et le *mode mineur*, et que toute gamme du mode majeur, quel que soit le son qui lui serve de tonique, reproduit l'échelle musicale connue sous le nom de gamme d'*ut* majeur, de même que toute gamme du *mode mineur* reproduit exactement l'échelle musicale dite *mineure* représentée par les sons *la, si, ut, ré, mi, fa, jè, la*. Le tableau suivant peut donner au lecteur une idée de l'ordre dans lequel se sucèdent et les sons qui forment l'échelle du mode majeur et ceux qui forment l'échelle du mode mineur :

Mode majeur.		*Mode mineur.*
SOL	UT......tonique......UT	la
fè	si.......sensible......si	jè (*sol d.*)
mi	la...sur-dominante	
	leu	fa
RÉ	SOL...dominante...SOL	mi
ut	fa... sous-dominante.. fa	ré
si	*mi*.... médiante	
	meu	*ut*
la	ré... sous-médiante ...ré ou sus-tonique.	si
SOL	UT... ..tonique..... UT	LA

A ce tableau de nos deux échelles ***diatoniques***, ***majeure*** et ***mineure***, joignons celui des deux gammes ***chromatiques*** et de la gamme ***enharmonique*** :

G. Chromatiques.		*G. Diatonique.*	*G. Enharmonique*
..*ut*...	*ut.*	...UT.	*ut.*
..*si*...	si.	...si.	si.
..lè...			lè.
.....	seu.		seu.
..*la*...	la	...la.	la.
..jè...			jè.
....	leu.		leu.
..*sol*...	SOL	..SOL.	sol.
..fè...			fè.
....	jeu		jeu.
..fa...	*fa*	....fa.	fa.
..*mi*...	*mi*	...*mi*.	mi.
..rè...			rè.
....	meu		meu.
..*ré*...	*ré*.	... ré	*ré.*
..tè...			tè.
....	reu.		reu.
..*ut*...	*ut.*	.. UT.	*ut.*

On voit du premier coup-d'œil, à l'inspection de ce dernier tableau, que nos deux gammes ***chromatiques*** et la gamme ***enharmonique*** elle-même ne sont autre chose que l'échelle d'***ut majeur*** décomposée en un plus grand nombre de degrés ou d'échelons.

En effet, dans nos deux gammes *chromatiques* de même que dans la gamme *enharmonique*, on retrouve les sept degrés de la gamme d'***ut*** majeur :

seulement, parmi ces sept degrés, on en trouve cinq (ceux formant seconde majeure — savoir : *ut-ré, ré-mi, fa-sol, sol-la* et *la-si*) dans lesquels sont intercalés soit un son, soit deux sons nouveaux ; — de telle sorte que, dans les deux gammes *chromatiques*, chaque degré formant seconde majeure est divisé par le son intercalé en deux parties qu'à l'inspection du tableau on reconnaît n'être pas égales, — tandis que, dans la gamme enharmonique, ce même degré est divisé par les deux sons intercalés en trois parties, c'est-à-dire en trois petits échelons dont deux forment chacun une seconde mineure, et le troisième, celui du milieu, forme le petit intervalle appelé *comma*, qui est en musique le plus petit des intervalles sensibles.

Ce petit intervalle appelé *comma* — tel que *reu-tè, meu-rè, jeu-fè, etc.* — est plus petit, l'oreille le sent à l'audition, que l'intervalle de seconde mineure *mi-fa* ou *si-ut ;* mais plus petit de combien ? est-ce d'un tiers, d'un quart, de moitié ou de plus de moitié ?

Avant d'en venir à l'examen de cette question, je dois faire connaître de quelle manière Galin démontre ce qu'on peut appeler en musique le théorème fondamental, savoir : l'égalité des cinq secondes majeures de la gamme appelées tons, et celles des deux secondes mineures *mi-fa* et *si-ut* qualifiées à tort de demi-tons.

Chantez successivement, vous dit Galin, l'air :

Ah ! vous dirai-je maman...

dans le ton d'*ut majeur* et dans celui de *sol majeur*, assurément votre oreille reconnaîtra le même air quoique chanté à des hauteurs différentes. De là cette conséquence forcée que les degrés de l'échelle *sol, la, si, ut, ré, mi, fè, sol* sont disposés absolument de la même manière que les degrés de l'échelle *ut, ré, mi, fa, sol, la, si, ut;* de sorte que *sol-la*, premier degré de la gamme de *sol*, égale *ut-ré*, premier degré de la gamme d'*ut*, et ainsi de suite des autres degrés correspondants.

Nous avons donc d'une part :

sol-la — *ut-ré.*
la-si — *ré-mi.*
ut-ré — *fa-sol.*
ré-mi — *sol-la.*
mi-fè — *la-si.*

Et d'autre part :

si-ut — *mi-fa.*
fè-sol — *si-ut.*

Qui ne voit que, *sol-la* étant égal à *ut-ré* comme à *ré-mi, ut-ré* et *ré-mi* sont dès-lors nécessairement égaux entre eux; et, d'un autre côté, qui ne voit que *ré-mi*, égal à *ut-ré* et à *la-si* comme à *sol-la*, l'est en même temps à *fa-sol* qui, lui, est égal à *ut-ré ?*

Voilà donc bien la preuve mathématique que nos

cinq intervalles de seconde majeure appelés *tons* constituent, dans la gamme, cinq degrés ou intervalles parfaitement égaux entre eux : d'où il suit que les cinq tons de la gamme ne sauraient, comme le prétendent certains théoriciens, être distingués en *majeurs* et *mineurs*.

Quant à l'intervalle de seconde *mi-fa*, que nous savons égal à *si-ut*, évidemment il forme, de même que *si-ut*, un intervalle plus petit que l'intervalle de seconde appelé *ton*, car, dans la gamme de *sol* majeur, ne voyons-nous pas le *fa* disparaître pour faire place à un son plus aigu (le *fa-dièse* ou *fè*) qui joue le rôle de sensible dans la gamme de sol (1) : du reste, il suffit de vocaliser les

---

(1) Pourquoi un seul *dièse* (le *fè*), dans la gamme de *sol*, deux dièses (le *fè* et le *tè*), dans celle de *ré*, trois dièses (le *fè*, le *tè* et le *jè*) dans celle de *la*, etc., et pourquoi un bémol (le *seu*, dans la gamme de *fa*, deux bémols (le *seu* et le *meu*) dans celle de *si* bémol, etc. ? On ne trouve dans aucun *solfège*, à ma connaissance du moins, l'explication de ce pourquoi, explication pourtant bien facile à donner. Dans la gamme de *sol*, le *fè* (*fa dièse*) intervient afin de constituer le second *tétracorde* de cette gamme en conformité du second *tétracorde* de la gamme d'*ut* ; et dans la gamme de *fa*, le *si* naturel est remplacé par un son plus grave (le *seu* ou si *bémol*) dans le seul but de rendre le premier tétracorde de la gamme de *fa* absolument pareil au 1er tétracorde de la gamme d'*ut*. Analysez toutes les gammes où sont introduits des sons *diésés* de même que toutes les gammes où l'on voit apparaître en plus ou moins grand nombre des *bémols*, et vous reconnaîtrez

quatre sons voisins de la première gamme ***chromatique mi-fa-fè-sol***, pour acquérir la certitude que *mi-fa* est plus petit que *mi-fè*, lequel ***mi-fè*** est une intervalle de seconde majeure.

Ainsi, parmi nos sept secondes de la gamme diatonique majeure, nous en trouvons cinq qui sont égales entr'elles et que nous pouvons justement appeler secondes majeures, chacune d'elles formant un intervalle manifestement plus grand que l'inter-

---

que c'est toujours le même motif qui a donné naissance à chaque *dièse* comme à chaque *bémol*.

A ce propos qu'on me permette de relever une erreur ou, — si l'on aime mieux, une locution vicieuse qu'on rencontre communément dans les *solfèges*.

D'après les *solfèges*, même ceux qui passent pour savants, le *fa dièse* serait le *fa* naturel exhaussé d'un demi-ton, et, d'autre part, le *si* bémol serait le *si* naturel abaissé d'un demi-ton. Cependant (la chose est bien manifeste) un son ne peut pas plus être exhaussé qu'abaissé ; il ne peut qu'être remplacé par un autre son ou plus aigu ou plus grave. J'ajoute que, si à un son donné l'on substitue un autre son ou plus aigu ou plus grave, il est parfaitement absurde (sans compter que c'est très-incommode au point de vue de la pratique) de conserver à ce nouveau son la même dénomination monosyllabique que porte le premier. Il y a plus de quarante ans, si je ne me trompe, qu'on signale aux musiciens le très-grave inconvénient qui résulte pour l'élève d'être obligé de se servir du même monosyllabe pour solfier trois sons différents, comme : *ré bémol, ré naturel, ré dièse ;* mais sur ce point là même, nos musiciens ne sont pas encore, que je sache, venus à résipiscence.

valle formé par la seconde *mi-fa* ou par la seconde *si-ut*.

Ce premier théorème compris, si nous parvenions à déterminer le rapport du petit intervalle appelé *comma* ou *seconde enharmonique* à la seconde mineure, il est clair que ce rapport nous donnerait celui de la seconde mineure à la seconde majeure.

Le *comma*, ai-je dit, n'est pas égal à une seconde mineure ; c'est un intervalle moindre ou plus petit, car, en vocalisant ces quatre sons contigus de la gamme *enharmonique Ut reu-tè-ré*, on sent très-bien, pour peu qu'on ait l'oreille exercée, que les 2 sons *reu* et *tè* sont plus rapprochés l'un de l'autre que ne le sont les deux sons *ut-reu* ou les deux autres sons *tè-ré*. Toutefois reste la question de savoir si le rapport du très-petit intervalle formé par nos deux sons *reu* et *tè* à l'intervalle incontestablement plus grand formé par les deux sons *ut-reu* ou par les deux sons *tè-ré* est ou non susceptible d'une évaluation exacte.

Cette évaluation peut, je crois, s'obtenir, sinon avec une exactitude mathématique, au moins très-approximativement, et voici de quelle manière :

On sait que l'intervalle de quarte *ré-sol* contient un tétracorde (ou ensemble de quatre sons diatoniques contigus) composé des deux secondes majeures *ré-mi* et *fa-sol* entre lesquelles se trouve placée la seconde mineure *mi-fa*.

Soit donc donné le tétracorde *ré-mi-fa-sol*

—SOL
— jeu
—*fa*
.. sol bb
... rédd
—*mi*
... *rè*
—RÉ

figuré ci-contre : —Je suppose qu'il nous plaise d'introduire au sein de ce tétracorde, les deux sons *ré double dièse* et *sol double bémol*. Le *ré* double dièse viendra-t-il se confondre avec le *mi* et le *sol double bémol* avec le *fa*, ou ces deux sons *ré double dièse* et *sol double bémol* se confondront-ils l'un avec l'autre en coupant en deux portions égales la seconde mineure *mi-fa ?* nullement : Le *ré double dièse* viendra se placer un peu au-dessus du *mi* de manière à former le *comma mi-redd*, et le *sol double-bémol* viendra se placer un peu au-dessous du *fa* de manière à former le comma *sol-bb fa*. La seconde mineure *mi-fa*, — constituée par deux sons dont le plus grave, le *mi*, donne 653 vibrations, et le plus aigu, le *fa*, 687—se trouvera donc partagée, par suite de l'intercalation de nos deux sons *ré dd* et *sol bb*, en trois petits degrés ou échelons. Deux de ces échelons (savoir : *mi-rédd* et *sol-bb fa*) sont évidemment des *commas* ou secondes enharmoniques absolument pareils aux *commas meu-rè* ou *jeu-fè* ou *reu-tè, etc.* Quant au troisième échelon constitué par les deux sons *ré dd* et *sol bb*, est-il, lui-même, un *comma*, ou forme-t-il un intervalle plus petit ou plus grand que le *comma ?* pour acquérir la certitude que ce troisième échelon *rédd-sol bb* forme un intervalle de moitié environ plus grand que le *comma*, il suffit de comparer la différence des vibrations fournies par les quatre sons *mi*, *rédd*, *sol bb* et *fa*. Le *mi* donne 653 vibrations, le *rédd* 661, le *sol bb* 678 et le *fa* 687 : Or, dès le moment qu'entre les deux sons *rédd* et *sol bb*, nous trouvons une différence de 17 vibrations, tandis qu'entre les deux sons *mi* et *redd*, comme entre les deux sons *sol bb* et *fa*, nous ne trouvons qu'une différence de 8 vibrations, nous pouvons légitimement en conclure que la distance entre les deux sons *rédd* et *sol bb* est deux fois plus grande que celle qui existe soit entre les deux sons *mi* et *rédd*, soit entre les deux sons *sol bb* et *fa*.

Le *comma*, comme on le voit, serait dès-lors à la seconde mineure dans le rapport de 1 à 4, et par suite la seconde mineure serait à la seconde majeure dans le rapport de 4 à 9, c'est-à-dire que quatre *commas* superposés formeraient l'équivavalent d'une seconde mineure et neuf commas celui d'une seconde majeure (1).

(1) En partant du *comma* pris pour terme de comparaison, et ceci admis que le *comma* est la quatrième partie de la seconde mineure et la neuvième partie de la seconde majeure, rien n'est plus aisé que de fixer les proportions relatives de tous les intervalles musicaux, soit de ceux que fournissent les gammes *diatoniques* majeure et mineure, soit de ceux spéciaux aux gammes *chromatiques* et à la gamme *enharmonique*.

Quoiqu'il en soit à cet égard, ce qui reste toujours pour nous une vérité clairement démontrée, c'est qu'en musique il n'y a ni *demi-ton*, ni *tiers*, ni *quarts* de ton. En effet — d'une part — il est manifeste que la seconde mineure, appelée *demi-ton*, n'est nullement à la seconde majeure appelée *ton* dans le rapport de 2 à 4, puisque pour former une seconde majeure il faut deux secondes mineures augmentées du petit intervalle appelé *comma;* et d'autre part ce qui n'est pas

---

On a vu que la gamme *diatonique* majeure n'offre en fait de secondes que deux espèces, savoir : cinq majeures et deux mineures. Or, comme l'analyse de la gamme *enharmonique* nous montre que chacune de nos cinq secondes majeures contient deux secondes mineures et un *comma*, il suit de là que toute seconde majeure contient 9 *commas*.

L'intervalle *chromatique* composé de deux secondes mineures tel que *si reu* ou *rè-fa*, cet intervalle qu'on appelle une *tierce* diminuée, vaut, lui, 8 *commas ;* et parconséquent il est à la seconde majeure dans le rapport de 8 à 9.

Quant à la seconde *chromatique ut-tè* ou *reu-ré*, etc., autrement appelée *apotome*, elle vaut, elle, 5 *commas*, puisqu'elle se compose d'une seconde mineure et d'un *comma*.

Serons-nous embarrassés pour évaluer en *commas* la seconde *maxime*, la quarte *minime*, la quinte *maxime* et la septième *diminuée*, quatre intervalles spéciaux à la gamme *diatonique* mineure? pas davantage. Par exemple de quoi se compose la seconde *maxime leu-si* ou *fa-jè ?* évidemment d'une seconde majeure et d'une

moins manifeste, c'est qu'on ne saurait assimiler le *comma* à un tiers ou à un quart de ton, puisque, je viens de le montrer, il faut quatre *commas* pour former une seconde mineure.

Mais, — va sans doute ici me dire plus d'un musicien, — à quoi bon toutes ces notions théoriques sur les gammes, sur les intervalles qu'elles renferment et les rapports de ces intervalles entre eux? affaire de curiosité pure : car de quelle utilité tout cela peut-il être dans la pratique?

J'accorde volontiers qu'une théorie, n'a d'importance et de valeur qu'autant qu'elle conduit à un résultat pratique utile. Toutefois on voudra bien en revanche m'accorder ceci, c'est qu'une théorie,

---

seconde chromatique. Il va de soi, dès-lors, qu'elle vaut 14 commas. D'un autre côté, de quoi se compose la quarte *minime* ou *diminuée jè-ut?* d'une seconde majeure et de deux mineures. Il est clair, des-lors, qu'elle vaut 17 commas. Quant à la quinte *maxime*, comme elle se compose de deux tierces majeures ou, ce qui revient au même, de quatre secondes majeures, elle vaut en conséquence 36 commas, tandis que la septième diminuée en vaut 39, étant composée de trois tierces mineures ou, ce qui revient au même, de trois secondes majeures et de trois mineures.

Inutile de poursuivre l'évaluation sur d'autres intervalles. On voit qu'il est facile, d'après ce procédé, de déterminer le nombre de *commas* contenus dans le premier intervalle venu, quelle que soit la gamme qui le fournisse.

si elle est juste, doit nécessairement conduire à d'utiles résultats pratiques (1).

Or, veut-on savoir ce qui est sorti de le théorie dont je viens d'offrir au lecteur un très-sommaire aperçu? il en est sorti une pratique qui rend la musique (l'art de parler, de lire et d'écrire

---

(1) Parmi nos méthodes de musique vocale récemment publiées, je viens d'en parcourir une que ses auteurs nous donnent comme destinée à l'enseignement du chant dans les lycées, les colléges, les écoles normales primaires, les écoles communales, les établissements religieux et les orphéons. J'aime à supposer que cette méthode a été composée par des hommes du premier mérite, puisque l'énoncé de son titre nous apprend qu'elle est l'œuvre d'une réunion de professeurs et d'artistes sous la direction de M. H. Delafontaine, lequel à sa qualité d'officier d'Académie joint celle de président de l'association des sociétés chorales de la Seine. Voici néanmoins ce que j'y ai lu *(pages 60 et 61)* :

« Les cinq tons de la gamme peuvent être partagés « chacun en deux *demi-tons*. Ils forment alors une « nouvelle gamme de treize sons (comprenant douze « *demi-tons*) qui se nomme gamme *chromatique*.

« Les cinq nouveaux sons de la gamme *chromatique* « peuvent être considérés de deux manières : 1° on peut « voir en eux une modification des sons immédiatement inférieurs qu'on aurait élevés d'un *demi-ton*; « 2° on peut aussi les considérer comme une modification des sons immédiatement supérieurs qu'on aurait « abaissés d'un *demi-ton*. »

Et un peu plus loin *(page 62)* :

« En *théorie* le *do dièse* est un peu plus haut que le « *ré bémol* : mais, dans la pratique, ces deux sons se

le chant) aussi facile — et l'on peut même dire — plus facile à vulgariser que notre langue maternelle ; car—c'est un fait qui ne saurait plus aujourd'hui être contesté, — tant, depuis vingt ans, il a été mis en évidence par une suite continue d'expériences,—tout élève, qui a suivi un cours de 80 à

« confondent en un seul. Il en est de même du *ré* « *dièse* et du *mi bémol*, du *fa dièse* et du *sol bémol*, « *etc.* »

Si la logique doit être avant tout scrupuleusement respectée, c'est particulièrement, il me semble, dans un livre d'enseignement à l'usage des écoles et des lycées.

Eh bien! je le demande, approuver et suivre une pratique que l'on avoue condamnée par la théorie, est-ce-là faire preuve d'un respect scrupuleux de la logique!

Quoi! voici deux sons, le *do dièse* et le *ré bémol*, qui, bien que très-voisins, sont deux sons différents, puisque le *do dièse*, on en convient, est un peu plus haut ou un peu moins grave que le *ré bémol*; et parce que ces deux sons n'en font qu'un sur le *piano*, sur la *flûte* et sur certains autres instruments imparfaits, on trouve bon que la voix humaine imite l'imperfection de nos instruments et se condamne, comme eux, à *solfier faux* au moins l'un des deux sinon tous deux quoiqu'elle puisse sans la moindre difficulté *solfier juste* l'un et l'autre!

Voilà qui est étrange à coup sûr; et ce qui ne l'est guère moins, c'est de rencontrer, dans une méthode composée par des professeurs de mérite, sous la direction d'un officier d'académie, et destinée à l'enseignement du chant dans nos écoles et nos lycées, des théorèmes de musique ainsi résolus :

«—Qu'est-ce qu'un son *diésé?* c'est une modification

cent leçons fait convenablement d'après la méthode *Galin-Paris-Chevé*, est en état, non pas seulement de lire et d'écrire le chant, mais, — ce qui est plus fort — de *composer*, c'est-à-dire de rendre les idées musicales qu'il peut avoir. Parmi toutes nos méthodes usuelles — de date récente ou

---

du son immédiatement inférieur élevé d'un *demi-ton?* qu'est-ce qu'un son *bémolisé?* c'est une modification du son immédiatement supérieur abaissé d'un *demi-ton.* »

Comme si un son pouvait subir une modification quelconque dans la tonalité qui le constitue! un son peut être accentué avec plus ou moins de force ou plus ou moins de douceur : mais, est-il bien difficile de le comprendre, un son donné—étant une chose absolue—ne peut pas plus être élevé qu'abaissé, et, — pour me servir du langage pittoresque d'Emile Chevé,— *hausser un son, baisser un son*, sont des phrases aussi ridicules que le seraient celles-ci : *Allonger un homme, raccourcir un homme*, pour exprimer l'idée de remplacer un voltigeur par un grenadier et réciproquement!

Le *do* dièse, quoiqu'en disent nos musiciens, n'est donc pas plus le *do* naturel *modifié* qu'un grenadier n'est un voltigeur ou qu'une flûte n'est un violon. Le *do* ou l'*ut dièse*, que l'école Galiniste distingue avec raison en l'appelant *tè*, est tout simplement un nouveau son qui, venant à résonner contre le *ré*, produit la même intonation que le *si* contre l'*ut* voisin, c'est-à-dire forme seconde mineure avec le *ré* comme le *si* avec l'*ut* : aussi bien, pour pouvoir entonner juste le premier *dièse* venu, il faut se préoccuper ou se servir comme d'un point d'appui non pas du son immédiatement inférieur dont il porte le nom, mais du son immédiatement supérieur avec lequel il forme seconde mineure.

ancienne, méthode *Wilhem*, méthode *Panseron*, méthode *Halevy*, méthode *Papin*, méthode *Delafontaine*, méthode des *Conservatoires*, etc., m'en citera-t-on une seule qui donne, en cent leçons, un pareil résultat !

Quant au *ré bémol*, qu'avec non moins de raison l'école Galiniste distingue en l'appelant *reu*, ce n'est pas le moins du monde le *ré* naturel *modifié* ou altéré, c'est simplement le son qui, venant à résonner contre celui qui lui est immédiatement inférieur dans l'échelle diatonique, c'est-à-dire contre *l'ut*, forme avec l'*ut* seconde mineure et produit la même intonation que le *fa* résonnant contre le *mi* : d'où il résulte que, pour entonner juste le premier *bémol* venu, il faut songer, non pas au son supérieur dont on le suppose à tort tiré, mais bien au son inférieur avec lequel il forme seconde mineure, et se rappeler que l'intonation *ut-reu* ou *la-seu* etc. est absolument la même que l'intonation *mi-fa*.

Cet exemple suffit, je crois, pour montrer au lecteur quel secours efficace la pratique retire de la théorie, quand la théorie est juste. D'ailleurs, qu'on en soit bien convaincu, en fait d'enseignement musical comme en toute autre matière, il ne saurait y avoir de pratique réellement fructueuse que celle qui est basée sur une théorie vraie.

APPENDICE.

LANGUE DES DURÉES CRÉÉE PAR M. A. PARIS.

Une des grandes difficultés de la musique, c'est incontestablement la mesure.

A vrai dire, il n'existe bien, en musique, que deux mesures, celle à 2 temps et celle à 3 temps, puisque la mesure à 4 temps peut toujours se réduire à celle à 2 temps : mais la difficulté pour l'élève, dans l'étude de la mesure, consiste beaucoup moins à savoir faire, soit avec la main, soit avec le pied, ces mouvements égaux et réguliers qu'on appelle frapper des temps groupés par deux, ou par trois, ou par quatre, — qu'à se bien graver dans la mémoire et à bien rendre les divisions et subdivisions du temps, divisions et subdivisions qui varient incessamment, et dont il faut faire sentir la différence, si petite qu'elle soit.

M. Aimé Paris a considérablement allégé cette difficulté par sa création ingénieuse de la langue des durées.

On sait que toutes les fractions de durées proviennent de la souche binaire ou de la souche ternaire. La langue créée par M. Paris emploie les deux voyelles A, E pour désigner des moitiés de temps et les trois voyelles A, E, I pour désigner des tiers, de telle sorte que, pour la division binaire, A désigne toujours la première moitié, E la seconde, et, pour la division ternaire, A désigne toujours le premier tiers, E le deuxième et I le troisième. Pour distinguer l'articulation de la prolongation du son, la consonne T est jointe à la voyelle pour le son articulé, tandis que la voyelle seule est employée pour le son prolongé. Quant au silence, il est appelé *chu*, et la prolongation du silence *u*.

S'agit-il d'exprimer la première subdivision binaire, les deux articulations T F sont employées à cet effet ; et les trois articulations T, R, L servent à exprimer la première subdivision ternaire.

Eclaircissons cette explication à l'aide d'exemples :

UNITÉ DE TEMPS, — *division binaire :*

Son articulé.	Son prolongé.	Silence.
1	.	0
tae	ae	chuu

Moitiés : 12 taté — .1 até — 01 chute

1re sous-division binaire, — moitiés divisées par 2 :

12 34 tafa téfé — 1 12 taa téfé — 12 3 tafa téé — . 12 aa téfé — 0 12 chuu téfé

Sous-division ternaire, — moitiés divisées par 3 :

123 456 tarala térélé — . 123 taaa térélé — 102 120 taehula téréchu

Sous-division mixte : 12 123 tafa térélé — 123 12 tarala téfé

2e *sous-division binaire*, — quarts divisés par 2 :

12	34	56	54		12	1	12	3
taza	fana	tézé	féné		taza	faa	tézé	féé

UNITÉ DE TEMPS, — *division ternaire* :

Son articulé.	Son prolongé.	Silence.
1	.	0
taéi	aéi	chuuu

Tiers :

123	1.2	.12	010	120	101
tatéti	taéti	atéti	chutéchu	tatéchu	tachuti

Sous-division binaire, — tiers divisés par 2 :

12	34	56	12	34	5	1	23	4	12	0	4
tafa	téfé	tifi	tafa	téfé	tii	taa	téfé	tii	tafa	chuu	tii

Sous-division ternaire, — tiers divisés par 3 :

123	456	543	123	456	1	1	2	345
tarala	térélé	tirili	tarala	téréié	tiii	taaa	téée	tirili

Sous-division mixte :

123	12	123	12	234	15
tarala	téfé	tirili	tafa	térélé	tifi

Que cette langue paraisse baroque et prête à rire au premier abord, la chose importe peu : l'essentiel, c'est qu'elle soit utile. Or, on ne saurait se faire une idée des résultats auxquels on arrive par son emploi, surtout dans les coupes difficiles entremêlées de syncopes et de silences. L'élève s'y habitue sans grande difficulté ; et celui qui est parvenu à se la rendre familière se fait remarquer dans les chœurs par sa sûreté de mesure.

TABLE DES MATIÈRES.

www.ingramcontent.com/pod-product-compliance
Ingram Content Group UK Ltd.
Pitfield, Milton Keynes, MK11 3LW, UK
UKHW020331180726
13839UKWH00002B/655